Grundlagen der Medienkommunikation   Band 6

Herausgegeben von Erich Straßner

Jürg Häusermann

Radio

Niemeyer

Die Deutsche Bibliothek – CIP-Einheitsaufnahme

Häusermann, Jürg:
Radio / Jürg Häusermann. – Tübingen : Niemeyer, 1998
(Grundlagen der Medienkommunikation ; 6)

ISBN 3-484-37106-4   ISSN 1434-0461

© Max Niemeyer Verlag GmbH, Tübingen 1998
Das Werk einschließlich aller seiner Teile ist urheberrechtlich geschützt. Jede Verwertung außerhalb der engen Grenzen des Urheberrechtsgesetzes ist ohne Zustimmung des Verlags unzulässig und strafbar. Das gilt insbesondere für Vervielfältigungen, Übersetzungen, Mikroverfilmungen und die Einspeicherung und Verarbeitung in elektronischen Systemen. Printed in Germany.
Satz: Anne Schweinlin, Tübingen
Druck: Gulde-Druck GmbH, Tübingen
Einband: Industriebuchbinderei Nädele, Nehren

Inhaltsverzeichnis

1. Das Radio im Mediensystem 1
   1.1. Radio, das akustische Massenmedium 1
        1.1.1. Hörfunk als Teil des Rundfunks 1
        1.1.2. Rundfunk als Teil der öffentlichen Kommunikation 3
        1.1.3. Theorieansätze 4
   1.2. Schnell, einfach, grenzüberschreitend: Merkmale des Radios 7
        1.2.1. Das Medium der Aktualität 8
        1.2.2. Das mobile Medium 9
        1.2.3. Das grenzüberschreitende Medium 9
        1.2.4. Das kostengünstige Medium 12
        1.2.5. Das einfache, schriftlose Medium 13
        1.2.6. Ausblick 14
2. Kommunikatoren 16
   2.1. Öffentliches und privates Radio 17
        2.1.1. Zwei Modelle 18
        2.1.2. Die Organisation 20
        2.1.3. Kommerzielles und nichtkommerzielles Radio 21
        2.1.4. Konkurrenz im Mediensystem 22
        2.1.5. Regulierung 23
   2.2. Typen der Entwicklung zum dualen System 24
        2.2.1. Vom privaten Rundfunk zum dualen System: Frankreich . 25
        2.2.2. Vom privaten Rundfunk zum dualen System: andere Länder 26
        2.2.3. Vom öffentlichen Rundfunk zum dualen System: Deutschland, Großbritannien, Schweiz 27
        2.2.4. Die allmähliche Stärkung des öffentlichen Rundfunks in den USA 28
3. Akteure 30
   3.1. Aktivitäten der Akteure 30
   3.2. Politische Akteure 32
        3.2.1. Hörfunk im Staat: Arten der Abhängigkeit 32
        3.2.2. Ein Medium politischer Macht und Partizipation 34
   3.3. Wirtschaftliche Akteure 36
   3.4. Kulturelle Akteure 38

3.4.1. Radio und Musikproduktion 39
3.4.2. Radio und Bildungssystem 40
3.4.3. Radio und Religion 42
3.5. Akteure als Kommunikatoren: Hörfunk als Instrument
der Öffentlichkeitsarbeit 42
4. Rezipienten 44
4.1. Der Hörer als Konsument 45
4.1.1. Radiohören als Markt 46
4.1.2. Radiohören als Optimierungsprozess 46
4.2. Der Hörer als Nutzer 47
4.2.1. Der Rezipient und die Zeit 47
4.2.2. Der Rezipient und der Raum 49
4.2.3. Der Rezipient und die Inhalte 50
4.3. Der Hörer als Kommunikator: Hörerbeteiligung 51
4.3.1. Partizipation als Forderung von ‚Hörfunktheorien' 51
4.3.2. Formen der Hörerbeteiligung 52
5. Inhalte 55
5.1. Ton und Sprache als Zeichenmaterial 56
5.1.1. Ton als Grundmaterial 57
5.1.2. Radiosprache 59
5.1.3. Nichtverbale Mittel: Geräusche, Atmosphäre 65
5.2. Sendeformen: Szenen der Begegnung von Kommunikator,
Akteur und Rezipient 67
5.2.1. Nachrichten: Bürokratische Information mit raschen
Updates 69
5.2.2. Bericht mit O-Ton: Kommunikator und Akteur
im Zusatztext 72
5.2.3. Feature 75
5.2.4. Live-Reportage: der Rezipient im Kontakt mit
dem Kommunikator 77
5.2.5. Formen mit Metafunktion: Präsentation, Moderation,
Eigenwerbung 79
5.2.6. Servicebeiträge 82
5.2.7. Funktionen der Musik 83
5.2.8. Fremdbeiträge: Werbung und PR 85
5.3. Programme und Formate: Der Rahmen für die Inszenierung ... 90
5.3.1. Programmstruktur 90
5.3.2. Vom Vollprogramm zum Zielgruppenprogramm 91
5.3.3. Formate 92
5.3.4. Programming 94
5.3.5. Radioprogramme im Spiegel der technischen Entwicklung 95
6. Literatur 99

1. Das Radio im Mediensystem

Anfang der 1920er Jahre tauchte ein neues publizistisches Medium auf, das nicht auf gedrucktes Papier angewiesen war, sondern seine Botschaften drahtlos über Funk verbreitete. Vertreter der Elektroindustrie versprachen sich neue Absatzmärkte. Zeitungsverleger fürchteten, dass ihren Produkten eine starke Konkurrenz als Meinungsbilder und Werbeträger erwachsen würde. Vertreter von Bildung und Kunst dagegen hofften, mit dem neuen Medium besser an die Massen zu gelangen.

Mit dem Radio war das erste elektronische Massenmedium entstanden. Es wies die Vorzüge bisheriger Formen öffentlicher Kommunikation auf, zum Beispiel die Direktheit des mündlichen Vortrags oder die Aktualität der Zeitung (die es in dieser Hinsicht bald überflügelte). Und es erreichte sein Publikum mit weniger Produktionsaufwand und ohne die Logistik, die nötig war, um eine Zeitung in ihrem ganzen Verbreitungsgebiet zu verteilen.

Heute werden aktuelle Inhalte auch über andere elektronische Medien verbreitet. Da sind v. a. das Fernsehen und verschiedene Nutzungsformen des Computers. Das Radio ist in den Hintergrund getreten. Es ist nicht mehr so einzigartig wie in seinen Anfangsjahren. Aber es hat noch immer einen Platz im Mediensystem mit seinem eigenen Selbstverständnis und eigenen Stärken.

1.1. Radio, das akustische Massenmedium

1.1.1. Hörfunk als Teil des Rundfunks

Radio ist die Sonderform des Rundfunks, die rein akustische Botschaften verbreitet. In der deutschsprachigen wissenschaftlichen Literatur wird gewöhnlich, aber durchaus nicht konsequent, von *Hörfunk* gesprochen, wenn das Medium auf abstrakter Ebene gemeint ist. (Ich habe mich mit dem Herausgeber der Reihe für den Titel auf das auch über die deutschen Landesgrenzen hinaus geläufige *Radio* geeinigt. Im Text werde ich die Begriffe synonym verwenden.

Vor der Einführung des Fernsehens war das Radio der *Rundfunk* schlechthin. Das Neue auf der technischen Seite lag nicht im Funk, also in der drahtlosen Übertragung von Informationen, sondern darin, dass *rundherum* gesendet und empfangen wurde. Es gab ja bereits andere Formen der drahtlosen Kommunikation: Telegraphie und Telephonie. Da aber war jeweils eine einzelne Empfängerstation oder eine klar definierte Gruppe der Adressat. Was jedoch im Rundfunk gesendet wurde, war einem beliebig großen Publikum zugänglich. Zwei Dinge machten dies möglich: Es wurde nicht per Draht, sondern über den Äther gesendet, und es wurde nicht ein spezieller (Morse-)Code, sondern die normale Sprache verwendet.

Gerade diese Eigenschaft des Funks, dass seine Ausstrahlung nicht kanalisiert werden konnte, wurde von seinen bisherigen Nutzern als Bedrohung empfunden. Wer an seinem militärischen und wirtschaftlichen Einsatz interessiert war, wollte gerade ausschließen, dass fremde Parteien mithören konnten.

Rundfunk zielte aber auf Öffentlichkeit. Als Lee de Forest 1907 mit der Erfindung seiner Vakuumröhre (Audion) dem gesprochenen Funk zu mehr Klarheit verhalf, hoffte er, dass damit einst Musik, Nachrichten und andere Informationen verbreitet würden, zur Freude eines jeden, der sich dazuschaltete. Es klang utopisch, weil sich niemand vorstellen konnte, wie sich eine solche Einrichtung wirtschaftlich über Wasser halten könnte. Unterstützt wurde die Idee denn auch zunächst vom Hobbyfunk. Junge Leute, die entdeckt hatten, dass man mit billigen Kristalldetektoren den Seefunkverkehr abhören konnte, begannen Morse-Botschaften und gelegentlich auch gesprochene Mitteilungen auszutauschen. Bis zum Ersten Weltkrieg waren in den USA über 1000 Amateursender in Betrieb. Auch wenn sie nicht regelmäßige Programme anboten, waren sie die erste wichtige Gegenbewegung zu den Bemühungen, den Funkverkehr bürokratisch und zentralistisch zu kontrollieren (Engelman 1996, 12–13).

In den ersten Anfängen war Radio also noch Zweierkommunikation mit Publikum. Die Inhalte mussten nur die beteiligten Kommunikationspartner interessieren, ohne dass jemand nach ihrem Nutzen für die Allgemeinheit fragte. Aus heutiger Sicht dagegen gehört das Radio klar zu den Mitteln öffentlicher Kommunikation. Das bedeutet nicht nur, dass die ‚Mithörer' jetzt Hauptadressaten sind, sondern auch, dass ein öffentliches Interesse an den Inhalten geltend gemacht wird.

Rundfunkkommunikation wird heute sehr weit definiert. Der *Staatsvertrag über den Rundfunk im vereinten Deutschland* von 1991 z. B. bestimmt den Begriff so:

> Rundfunk ist die für die Allgemeinheit bestimmte Veranstaltung und Verbreitung von Darbietungen aller Art in Wort, in Ton und in Bild unter Benutzung elektrischer Schwingungen ohne Verbindungsleitung oder längs oder mittels eines Leiters.

Diese Definition geht viel weiter als das herkömmliche Verständnis von Rundfunk, weil sie völlig neue Formen der Informationsbereitstellung einschließen soll, zum Beispiel die Kombination von Radio und Bildübertragung beim digitalen Radio *(DAB)*. Die Definition spricht auch nicht gegen Einschränkungen des Empfängerkreises. Zwar sind die Sendungen „für die Allgemeinheit bestimmt", aber derselbe Paragraph sieht auch Programme vor, „die verschlüsselt verbreitet werden oder gegen besonderes Entgelt empfangbar sind" (z. B. *Pay Radio, Radio on Demand*).

Implizit ist in der Formulierung „für die Allgemeinheit bestimmte Veranstaltung und Verbreitung" auch gesagt, wer an der Kommunikation beteiligt ist: Da ist jemand, der die Programme „veranstaltet" und „verbreitet", und eine „Allgemeinheit", die die Botschaften empfängt. Die Inhalte des Rundfunks werden zwar sehr weit gefasst, als „Darbietungen aller Art", aber impliziert ist, dass sie für das allgemeine Publikum angemessen sind. Derselbe Staatsvertrag lässt sich deshalb ausführlich über die Inhalte des Rundfunks aus. Bereits die *allgemeinen Vorschriften* im ersten Abschnitt behandeln u. a. unzulässige Sendungen, Werbeinhalte und den Umgang mit Meinungsumfragen. Zehn Paragraphen sind der „Sicherung der Meinungsvielfalt" im privaten Rundfunk gewidmet, ein weiterer den Programmgrundsätzen für bundesweiten Privatfunk.

Der Schritt von der Zweierkommunikation zur Kommunikation für die Allgemeinheit hat also als eine Konsequenz die öffentliche Kontrolle: Wer soll senden? Wer soll empfangen? Was soll gesendet und empfangen werden? Inhalte, die praktisch ungehindert verbreitet werden können, werden auf ihre gesellschaftliche Bedeutung hin überprüft. Die Beliebigkeit der Inhalte des Amateurfunks bzw. die Geheimhaltung der Inhalte beim Militärfunk macht einer gesetzlich geregelten Kontrolle der Inhalte Platz.

1.1.2. Rundfunk als Teil der öffentlichen Kommunikation

Rundfunk ist ein Massenmedium und damit ein Ort der öffentlichen Kommunikation (Wolton 1989). Politikerinnen, Wähler, Wirtschaftsvertreterinnen, Konsumenten, Künstlerinnen, Kunstkritiker, Krankenversicherte, Sporttreibende – einzelne und Gruppen der Gesellschaft erfahren etwas voneinander, indem das Massenmedium Botschaften über sie und für sie produziert.

Dieser Prozess ist so organisiert, dass die an ihm Beteiligten jeweils eine von drei Rollen übernehmen: die Rolle des Akteurs (also z. B. der interessierten politischen Gruppierung, über die informiert wird), die Rolle des Kommunikators (also z. B. der Radiostation, die über sie berichtet und kommentiert) und die Rolle des Rezipienten (also des Publikums, an das sich die Botschaften richten).

In diesem Buch wird diesen einzelnen Kommunikationspartnern je ein Kapitel gewidmet sein. Dabei wird deutlich werden, dass es sich nicht um fest abgrenzbare Größen und schon gar nicht nur um Einzelpersonen handelt. Der Rezipient ist sowohl die einzelne Hörerin, die das Radio eingeschaltet hat, als auch die Gesamtheit aller HörerInnen, die das Radio nutzen. Ähnliches gilt für die Kommunikator- und Akteursseite: Wir können auf einer konkreten Ebene die Handlungen einzelner Redakteure oder Moderatorinnen betrachten – oder auch die Tätigkeit der ganzen Anstalt in ihren gesellschaftlichen Abhängigkeiten.

Auch die Akteure interessieren nicht nur als Individuen, sondern vor allem auch als Vertreter von Institutionen, Interessenverbänden, sozialen Gruppen usw. Beides müssen wir im Blick behalten: die konkrete Ebene des Individuums, auf der wir sagen können: Hörer X stellt sein Gerät an, um während des Kochens unterhalten zu werden, – und die abstraktere Ebene des Publikums, auf der wir sagen müssen: 200 000 Zuhörer haben ein Gerät eingeschaltet. Der eine hört aufmerksam zu, die andere nutzt es nur als Hintergrundgeräusch, der dritte hört mal hin und mal weg. Auf dieser Ebene ist der Rezipient nur noch in statistischen Ausdrücken zu erfassen.

Öffentliche Kommunikation findet für uns als BeobachterInnen also sowohl auf einer konkreten, individuellen als auch auf einer abstrakten, statistischen Ebene statt. Eine sichere Aussage, die für beide gleichzeitig gilt, können wir nicht machen, und dennoch müssen wir beide erfassen. Moderne Hörfunkforschung bewegt sich zwischen den beiden Ebenen hin und her. So werden in der Rezeptionsforschung nicht nur Erhebungen mit repräsentativen Stichproben vorgenommen, sondern auch Einzelbeobachtungen und Tiefeninterviews, die keine Hochrechnung auf die Gesamtpopulation zulassen, die aber dennoch Aussagen über die kulturelle Bedeutung des Radiohörens erlauben.

Öffentliches Kommunizieren beschränkt sich nicht auf die Massenmedien. Es gibt ältere Formen, zum Beispiel diejenige des Ausrufers, der auf dem Hauptplatz offizielle Botschaften verliest. Und es gibt zeitlose Formen, zum Beispiel die des Vortrags in einem öffentlichen Lokal. Von den anderen Formen der öffentlichen Kommunikation (zum Beispiel der Kommunikation auf der Bühne, durch Vortrag vor Publikum) unterscheidet sich die Massenkommunikation dadurch, dass der direkte Augen- und Ohrenkontakt durch einen technisch-organisatorischen Apparat ersetzt wird: Für den Rezipienten ist der Kommunikator keine einsehbare Größe. Die Botschaften werden ihm von einer Organisation vermittelt, deren Aufbau er im Detail kaum kennt. Und auch umgekehrt ist für diese Kommunikator-Organisation der Rezipient nicht direkt erfassbar. Es handelt sich um ein disperses Publikum, eine unüberschaubare und heterogene Menge von Rezipienten. Sie ist nicht direkt, sondern nur über Umfragen und andere wissenschaftliche Mittel zu erfassen.

1.1.3. Theorieansätze

Besonders in den Frühzeiten des Radios wurden allgemeine Überlegungen zum neuen Medium angestellt, die später als Radiotheorien bezeichnet wurden. Dies betrifft z. B. einige Schriften von Bertolt Brecht, auf die das Kapitel 4 zurückkommen wird.

Heute wird gelegentlich im Rahmen semiotisch ausgerichteter Theorien versucht, das Einzelmedium Radio einzuordnen. Ausgangspunkt ist dann meistens die Erkenntnis, dass die Botschaften des Radios rein akustisch sind. Es

Radio, das akustische Massenmedium 5

geht also um die Frage, was es bedeuten mag, dass andere Medien sich auf Augen und Ohren der Rezipienten ausrichten, das Radio aber nur den Hörsinn anspricht. Die daran anschließenden Überlegungen haben oft viel Spekulatives an sich. Sie gehen in zwei Richtungen: Einmal interessieren die besonderen, eben akustischen Ausdrucksformen des Radios. Und dann werden Vermutungen über die besondere Wirkung angestellt: Davon ausgehend, dass jedes Medium „eine eigene Beziehung, eine eigene *ratio* zwischen den menschlichen Sinnen schafft" (Escarpit 1991, 142), wird darüber spekuliert, ob die rein auditive Qualität der Radioaussagen den Rezipienten anders beeinflusst als die audiovisuelle Sprache des Fernsehens.

Im Umkreis von Semiotik, Literaturwissenschaft und Rhetorik ist das Fehlen optischer Ausdrucksmöglichkeiten immer wieder thematisiert worden, vor allem im Zusammenhang mit dem Hörspiel (z.B. Arnheim 1933:1979). Das Fehlen des optischen Kanals wird aber kaum je als Manko gesehen, sondern als eine Möglichkeit, spezifische Ausdrucksmittel und Botschaften zu entwickeln. Das Radio ist zwar ein „blindes" Medium, aber es bezieht daraus seine Stärken, von seiner Sprache bis zur Art, wie es von seinen Rezipienten genutzt wird (Crisell 1986, 3). Radio wird als suggestives Medium bezeichnet (Faulstich 1981, 60), wenn auch die Flexibilität des Hörers die suggestive Wirkung beeinträchtigen kann (im Gegensatz zu den visuellen Medien, die eine Konzentration auf das Bild und damit erhöhte Aufmerkamkeit erfordern).

Weil das reine Zuhören die Phantasie stärker anregt als Sehen und Hören zusammen, sind die Rezipienten beim Radiohören immer zu einem gewissen Grad aktiv beteiligt. Aber dies gilt längst nicht für alle Sendeformen. Das Radio ist ja nicht nur das Medium des spannenden Hörspiels, sondern auch das Medium der belanglosen Hintergrundmusik. Und wenn etwa Crisell meint, dass das Radio auch in den Nachrichten und Wetterberichten die Phantasie anspreche, dann ist es zumindest eine ganz andere Art des Phantasierens als bei fiktionalen Sendungen.

Als Medium des Auditiven bezeichnet auch Werner Faulstich (1981) das Radio, aber er fügt diesem Merkmal vier weitere hinzu. Er hat sie aufgrund des Hörspiels *The War of the Worlds* ermittelt, mit dem Orson Welles 1938 Furore machte, weil es viele Leute in Panik versetzte, die die fiktive Sendung über die Landung von Marsmenschen für bare Münze nahmen. Die inhaltliche und formale Vielfalt der Sendung (mit ihrem Science-Fiction-Thema, mit ihren Live-Zuschaltungen, mit ihren Publikumsreaktionen) zeigen für Faulstich, dass das Radio auch das Medium des „Jetzt", das Medium der „Illusion", das Medium der „Angst" und das Medium der „Reihe" ist. Aber keine dieser Eigenschaften und auch nicht ihre Kombination ist radiotypisch. Zwar können solche Kategorien helfen, das hörfunkspezifische *Zeichen* besser zu beschreiben (und wir werden im Kapitel 5 Ähnliches tun). Aber letztlich produziert das Radio zu vielfältige Inhalte, als dass es – über die Tatsache seiner Auditivität – auf einen so einfachen Nenner reduziert werden könnte.

Auch die Frage nach radiotypischen Wirkungsmechanismen hat etwas Faszinierendes. Und auch hier kommt man zu wenig überzeugenden Antworten – etwa wenn man zu erklären versucht, ob und warum die gleiche Botschaft über das Radio anders wirkt als über andere Medien.

Da gibt es zum Beispiel den Mythos, John F. Kennedy sei 1960 zum Präsidenten der USA gewählt worden, weil die Debatte mit seinem Gegenkandidaten Richard M. Nixon nicht nur im Radio, sondern auch im Fernsehen übertragen wurde. Umfragen zeigten tatsächlich, dass WählerInnen, die die Debatte nur im Radio gehört hatten, eher zu Nixon tendierten, während die FernsehzuschauerInnen dem gut aussehenden Kennedy den Vorzug gaben (Barnouw 1966–1970, 162ff.). Daraus kann zwar der Schluss gezogen werden, dass die nonverbale Information die Wirkung der verbalen Information beeinflusst hat. Aber daraus sind kaum viele verallgemeinernde Einsichten zu gewinnen – auf alle Fälle nicht die, dass sich das eine Medium für manipulative Botschaften besser eigne als das andere.

Wer Theorien von Einzelmedien aufstellt, läuft rasch Gefahr, Mechanismen der öffentlichen Kommunikation (etwa in der Gefolgschaft von McLuhan 1964:1968) aus einer Technik heraus zu erklären. Man macht dann unter Umständen das Medium für gesellschaftliche Vorgänge verantwortlich, die sehr viel komplexere Zusammenhänge haben, man reduziert etwa das Phänomen der Macht auf eine „Macht der Medien" (McQuail 1983:1989, 62).

Zudem erlangt auch das einzelne Medium seine Bedeutung nicht aus sich heraus. Das Radio wirkt zusammen mit anderen Medien und nicht im Ausschluss anderer Medien. Die Leute, die Kennedy und Nixon im Fernsehen sahen, nutzten noch viele andere Quellen, ebenso wie diejenigen, die die Debatte nur hörten. Radio ist zwar ein einzigartiges Medium, aber es lässt sich nicht aus dem System der Medien herauslösen.

Aussagen über das Radio haben nur dann einen Sinn, wenn es in der Gesamtheit der Medien gesehen wird, die über ihre Beziehungen organisiert sind und die sich zusammen nach außen abgrenzen lassen. Sie haben zunächst gemeinsame Funktionen. Diese sind aus der Sicht des Rezipienten Information, Meinungsbildung, Vermittlung kulturellen Basiswissens und Unterhaltung. Aus der Sicht der Gesellschaft kommen etwa Kontroll- und Integrationsfunktionen hinzu, aus der Sicht der Herrschenden die Funktion der Machtausübung usw. (McQuail 1983:1989, 75). Unterschiede zwischen den Medien ergeben sich dadurch, wie sie ihre Funktionen in der öffentlichen Kommunikation erfüllen.

Wenn wir in diesem Buch die Prozesse der Massenkommunikation wie oben skizziert auf eine Interaktion zwischen Kommunikator, Akteur und Rezipient einengen, ist dies zwar eine starke Vereinfachung. Aber sie hilft uns, die Art, wie das Radio seine Funktionen erfüllt, auf einer relativ konkreten Ebene zu bezeichnen und Beziehungen (der Abhängigkeit, der Konkurrenz, der Kooperation) innerhalb und außerhalb des Mediensystems deutlich werden zu lassen.

1.2. Schnell, einfach, grenzüberschreitend: Merkmale des Radios

„Welche Bedeutung hat für Sie das Medium Hörfunk?" – Wenn ich im süddeutschen Städtchen Tübingen in meinen Hörfunkseminaren diese Frage stelle, geben die Studentinnen und Studenten etwa folgende Antworten:

„Ich benutze das Radio als Geräuschkulisse beim Arbeiten."
„Ich höre oft bei Hausarbeiten *S 2 Kultur*, und zwar wegen der ausführlichen Wortbeiträge."
„Ich höre vor allem im Auto Radio, in der halben Stunde zwischen meinem Wohnort und der Uni."

Die Befragten kennen das Radio aus der Sicht des Rezipienten. Es ist für sie das Medium, das sie bei einer anderen Tätigkeit nutzen: beim Autofahren, bei einer Arbeit oder einem Hobby, zu dem es als Begleitmedium passt. Dies ist typisch für die Vorstellung vom modernen Radio: Es hat zunächst *Unterhaltungsfunktion*, und die musikbetonten Programme eignen sich dazu, eine eintönige Situation zu beleben, ohne sie zu dominieren.

Das Beispiel Autofahren erinnert aber an weitere Funktionen. Oft merkt man als Lenker auf, weil ein bekanntes Signal die Verkehrsdurchsagen ankündigt. Man hört für kurze Zeit genau hin, um zu erfahren, ob ein Stau oder eine andere Behinderung gemeldet wird, die einem zu schaffen machen könnte. Hier wird also auch der *Servicecharakter* des Radios deutlich.

Hinzu kommen die regelmäßigen Nachrichtensendungen, während derer man sich kurz orientieren kann, ob in der näheren oder weiteren Umgebung etwas passiert ist, das man für wichtig hält. Das Radio ist also auch ein Medium der *aktuellen Information*.

„Welche Bedeutung hat für Sie das Radio?" fragte ich vor mehreren Jahren auch Menschen, denen ich bei Recherchen im westafrikanischen Kamerun begegnete. Natürlich war da für viele HörerInnen das Radio Begleitmedium, wie ich es aus Europa kannte. Aber ich lernte auch in einer Stadt im Osten des Landes den dortigen Leiter des staatlichen Entwicklungsdienstes kennen. Zu seiner Arbeit gehörte es, in die Dörfer hinaus zu gehen, um sich da über die technischen Probleme der Bewohnerinnen und Bewohner berichten zu lassen und Verbesserungen in die Wege zu leiten. Seine erste Aufgabe sah er jeweils darin, das Vertrauen seiner Gesprächspartner zu gewinnen, so dass eine tragfähige Basis geschaffen würde, um Lösungen zu entwickeln, hinter denen alle Beteiligten stehen konnten. Er nahm, wenn immer möglich, einen Recorder mit, um Radioprogramme vorzuführen, in denen Bäuerinnen und Bauern aus anderen Regionen vergleichbare Projekte vorstellten. Hier kam ich mit für mich neuen Formen des Radiohörens in Berührung, wo ausgewählte Zuhörergruppen das Gehörte weiter diskutierten. Und schon die Sendungen selbst waren unter Beteiligung von Zuhörern zustande gekommen. Für die Menschen, die ihnen zuhörten, erhöhte dies die Identifikation. Und bei Gelegenheit konnten auch sie selbst zu AutorInnen ähnlicher Sendungen werden. Die Rolle des Radiomachers war da also viel stärker verknüpft mit derjenigen des Publikums. Hier ging es nicht darum, ein Unterhaltungsprodukt auf den Markt zu werfen, sondern Kommunikationsformen zu finden, die es ermöglichten, einen Bildungsauftrag optimal zu erfüllen. Radio war da in Ansätzen ein Medium des Dialogs.

Hörfunk kann also ganz verschiedenen Zwecken dienen. Diese werden durch Eigenschaften begünstigt, die das Medium generell kennzeichnen. Sowohl seine Eignung zum Begleitmedium als auch zum Bildungsinstrument hängt z.B. damit zusammen, dass es ein sehr mobiles Kommunikationsinstrument ist, und zwar für die Produzenten wie auch für die Zuhörer.

Allerdings gelten viele dieser Eigenschaften nicht mehr exklusiv für das Radio, seit es Konkurrenz durch das Fernsehen bekommen hat. Einzelne, ursprünglich ‚besondere' Merkmale der Hörfunkkommunikation (z.B. die Eignung zur schnellen Information) treffen auch auf das Fernsehen zu. Diese Relativierung muss berücksichtigt werden, wenn wir aus heutiger Sicht das Radiospezifische zu bennenen versuchen.

1.2.1 Das Medium der Aktualität

Das Radio ist in der Lage, die Verbindung zwischen Akteur, Kommunikator und Rezipient sehr schnell herzustellen. Ein interessanter Akteur, zum Beispiel ein Zirkusdirektor, der gerade in der Stadt ist, kann ins Radiostudio eingeladen werden, um live über sein Programm, seine Erfahrungen und seine Zukunftspläne Auskunft zu geben. Zur Vorbereitung braucht es nur (neben den üblichen Recherchen) einen Anruf ein paar Stunden im voraus. Unter Umständen lässt sich sogar das ganze Gespräch am Telefon führen. Die Hörerinnen und Hörer bekommen es ohne zusätzlichen Aufwand geliefert. Eine alternative Veranstaltung wäre ungleich mühsamer. Für das Medium Zeitung etwa müsste das Gespräch in einem zusätzlichen Arbeitsgang verschriftlicht werden und es wäre frühestens am folgenden Tag bei den LeserInnen. Für ein Podiumsgespräch müsste lange im voraus geworben werden, und die daran Interessierten müssten sich extra in den Veranstaltungsraum bemühen.

Was die „Bereitstellungs- und Verbreitungsqualität" (Platte 1965) betrifft, so übertrifft das Radio also andere Medien an Schnelligkeit. Die Aktualität kann so hoch sein, dass Aufbereitung, Verbreitung und Rezeption einer Botschaft gleichzeitig, also live, geschehen. Allerdings wird dieser Vorzug durch die Rahmenbedingungen der Rezeption wieder etwas geschmälert. Im Unterschied zu den Printmedien muss man beim Radio die Information zur vorgegebenen Zeit abrufen. Wer in unserem Beispiel sein Gerät während des Interviews gerade nicht eingeschaltet hat, verpasst es. Der Abonnent des langsameren Mediums Tageszeitung dagegen kann seine Zeit selbst einteilen. Radio ist „in doppeltem Sinn ein Medium des Jetzt: als Medium der Präsentation und als Medium der Präsenz" (Faulstich 1981, 36). Die Schnelligkeit des Radios beeinflusst positiv die Aktualität der Botschaften und negativ ihre Verfügbarkeit (weil einzelne Meldungen dann konsumiert werden müssen, wenn sie gesendet werden).

1.2.2. Das mobile Medium

Wenn sich die Hörer auch zeitlich den Vorgaben des Medium anpassen müssen, passt sich ihnen das Radio in seiner Mobilität wieder an. Der einzelne Rezipient, der das Gerät abschaltet und sein Haus verlässt, kann das gleiche Programm im Auto oder Bus, aber auch an der Arbeit oder im Supermarkt weiterhören.

Der Vorteil der Mobilität gilt auch für die Kommunikatoren. RadiojournalistInnen können mit wenig Mühe Originaltöne außer Haus einfangen und zu Sendungen verarbeiten. KorrespondentInnen können sich praktisch von überall auf der Erde per Telefon einschalten. Akteure, die interessant genug sind, können schlimmstenfalls per Handy erreicht und gleich zu einem Live-Interview überredet werden. „In der räumlichen Flexibilität des Hörens und Sendens übertrifft das Radio das Fernsehen", resümiert Herrmann (im Druck). In den großen Zeiten der Piratensender zeigten kleine und kleinste Gruppen von Amateuren, dass es möglich ist, mit dem Auto vor die Stadt zu fahren, von da aus in Minutenschnelle mit ihrer Sendung zu beginnen und auch wieder zu verschwinden, ohne von den Hütern des staatlichen Sendemonopols erwischt zu werden.

1.2.3. Das grenzüberschreitende Medium

Das Radio überschreitet politische und kulturelle Grenzen. Während die Tageszeitung nach ihrer Fertigstellung zu ihren LeserInnen transportiert werden muss, können die Botschaften des Radios praktisch unmittelbar bei ihrer Entstehung auch schon dem Publikum zugänglich gemacht werden. Die Verbreitung einer Zeitung kann durch relativ einfache Maßnahmen an einer Landesgrenze gestoppt werden; das Radio dagegen kann seine Inhalte kontinuierlich und aktuell über fast beliebig große Räume verbreiten. Es muss nicht wie das terrestrische Fernsehen topographische Hindernisse mit Relaisstationen oder Satelliten überwinden. Bei entsprechenden technischen Gegebenheiten kann es weltweit senden (Arnheim 1933:1979).

Das Radio gestaltet seine Botschaften auch dementsprechend aus. Weil es herkömmliche politische und kulturelle Räume überschreitet, kann es sich der jeweiligen lokalen, regionalen, nationalen und internationalen Ausdehnung anpassen. Der deutschsprachige Dienst von *Radio Luxemburg* verhielt sich schon in den 1960er Jahren wie ein deutscher Sender. Er thematisierte deutsche und nicht etwa luxemburgische Medienereignisse, Verkehrsprobleme, Feiertage usw. Zu den Leistungen, die man vom Radio erwartet, gehört, dass es neue kulturelle Räume umschreibt bzw. mehrere traditionelle Räume zusammenfasst, sei es zur Verbreitung von Werbebotschaften, sei es zur politischen Information und Propaganda.

Als in verschiedenen europäischen Ländern in den 1970er und 1980er Jahren im lokalen Bereich die Gründung neuer Radiostationen rechtlich möglich wurde, entstanden gerade in Ballungsräumen private Stationen. Ihr Engagement in der lokalen Information wird zwar in seiner Qualität unterschiedlich beurteilt; die Tendenz zur Regionalisierung (zumindest in Deutschland und vergleichbaren Ländern) hatte in erster Linie technische und wirtschaftliche Gründe (Jonscher 1995, 159; Saxer 1991, 53). Dennoch zeigte es sich, dass der Lokalbezug ein großer Vorteil war. Das Publikum wandte sich in großer Zahl von der überregionalen Konkurrenz ab, auch wenn diese ihr Programm professioneller produzierte.

Dies kann verstanden werden als Ausdruck eines Bedürfnisses nach „Identifikationsmöglichkeiten mit der bewohnten und gebauten Umwelt, in der man lebt" (Teichert 1982, 13). Die HörerInnen selbst nannten als Grund neben der Musikfarbe auch die heimatliche Sprache in den Programmen (Saxer 1989).

Das lässt zunächst auf eine Fähigkeit des Mediums Radio schließen, Teile der Bevölkerung auf eine Region hin zu orientieren, auch wenn es ihnen weniger um den Genuss kultureller und politischer Information aus dem Nahbereich als um die Empfindung eines Wir-Gefühls gehen mag (Saxer 1989; Hättenschwiler 1990). „Natürliche Kulturlandschaften" werden aber bei der Neuschaffung regionaler Sender kaum berücksichtigt (Bausinger 1996). Das Radio respektiert weder als Lokalradio die bisherigen Grenzen der Kleinräume noch als überregionales Radio kulturelle und nationale Großräume. Es scheint im Gegenteil in beschränktem Maße in der Lage zu sein, für sein Publikum neue kulturelle Räume zu schaffen. Es kreiert neue Hörer-Gemeinden, die in mehreren kulturellen oder politischen Einheiten leben.

Größerflächige Sender haben ihr Stammpublikum über landesinnere Grenzen hinaus und auch jenseits der Staatsgrenzen. Die Botschaften ihrer Eigenwerbung zielen oft explizit auf die Identitätsbildung dieses heterogenen Publikums ab. Das bestrahlte Gebiet wird in Slogans oft als Radioregion definiert (die Rede ist z. B. vom „SWF3-Land" oder „Antenne-Land"). Unterstützt wird diese Identitätsbildung (die allerdings auf das jeweilige Zielpublikum eingeschränkt ist) dadurch, dass die HörerInnen in Clubs organisiert und mit Unterhaltungsangeboten außerhalb des Radioprogramms belohnt werden, die mit dem Sender-Image übereinstimmen (spezielle Konzerte, Kabarett usw.). Was auf der kommerziellen

Seite als Hörerbindung zu Buche schlägt, drückt sich also auf der Inhaltsseite oft als Konstruktion einer regionalen Einheit aus.

Die Fähigkeit des Radios, Identität zu schaffen, wurde im nationalen Maßstab von jeher genutzt. Radio war und ist in vielen Ländern zunächst ein Medium mit nationaler Ausstrahlung, auch wenn es vor allem zu Beginn dezentral organisiert war. Es lag deshalb nahe, mit dem Radio einen Anspruch auf offizielle oder halboffizielle Gültigkeit seiner Aussagen zu verbinden und es für politische Information und Propaganda im Land und über die Landesgrenzen hinweg zu nutzen.

In der Sowjetunion wurde das Radio schon in den ersten Jahren offen als Instrument des Staates deklariert. V. I. Lenin äußerte sich schon 1920 enthusiastisch über die „Zeitung ohne Papier und ‚ohne Entfernungen'", die in Entwicklung war. 1922 begann die sowjetische Rundfunktätigkeit mit der Errichtung eines Senders von bisher nie dagewesener Stärke. Das nationalsozialistische Deutschland nutzte die bis 1933 gut ausgebaute Rundfunkstruktur sogleich als ‚Führungsmittel'. 1943 hatte die deutsche Propaganda 107 Lang- und Mittelwellensender und 23 Kurzwellensender zur Verfügung (Diller 1997, 427).

Wenn Kommunikator und politischer Akteur eng zusammenarbeiten, dann lässt sich das Radio sehr leicht zum Instrument der Information und Propaganda im Dienste politischer Macht nutzen. Auf der anderen Seite steht aber auch die Freiheit des Radiohörers, sich von internationalen Sendern informieren zu lassen (wenn dies auch oft drastisch geahndet wird). Die Produktion lässt sich zwar in großem Rahmen staatlich kontrollieren; aber auch unter diktatorischen Bedingungen kann nicht sichergestellt werden, dass die Bürger eines Landes nur die eigenen Sender hören. Im Gegenteil scheint eine starke staatliche Kontrolle des Radios gerade dazu zu führen, dass Teile des Publikums Pluralismus suchen. Boyd (1993, 5–6) schildert etwa, wie in arabischen Ländern mit staatlich gelenkten Medien die Beachtung ausländischer Sender steigt. Aus vielen Staaten des Ostblocks wird berichtet, wie wichtig für die BürgerInnen die Informationen internationaler Radiosender – *Radio Free Europe, Voice of America, BBC, Deutsche Welle* – waren (vgl. Milev 1995).

Radiohören war für die Hörerinnen und Hörer von Anfang an eine internationale Sache. In Deutschland zum Beispiel blieb ihnen vor dem 29. Oktober 1923 (dem Tag der ersten Radiosendung der *Deutschen Stunde* aus Berlin) gar nichts anderes übrig als ausländische Programme zu hören, wenn sie sich verbotenerweise für „Unterhaltungsrundfunk" interessierten (erlaubt war das Radiohören erst mit einer Verfügung des Postministeriums vom 24. Oktober 1923; vgl. Lerg 1980, 95).

Fast gleichzeitig mit dem Rundfunk auf nationaler Ebene entstanden daher auch die ersten Pläne, das Radio als grenzüberschreitendes Medium für die im Ausland lebenden Bürger und für die Bürger anderer Staaten zu nutzen. Von Lenin ist eine Notiz mit dem Stichwort „Rundfunksendungen für das Ausland" überliefert, die vom 22. Oktober 1921 datiert ist, also noch bevor die eigene Bevölkerung in den Genuss von Rundfunksendungen kam. Es dauerte noch acht Jahre, bis Radio Moskau, der sowjetische Auslandsender, seine Sendungen in Französisch, Englisch und Deutsch aufnahm. In Großbritannien begannen 1927 die ersten Kurzwellensendungen der *BBC* für das ganze Empire – eine Unternehmung, die heute den Namen *BBC World Service* trägt. Wood (1988, 35) sieht Großbritannien als die erste Nation, die im neuen Medium weniger die Funktion der Unterhaltung als die Möglichkeit der „sozialen Manipulation" nutzte.

Deutschland richtete ab 1929 auf Kurzwelle Sendungen in mehreren Sprachen über den Deutschlandsender in Zeesen nach Afrika, Asien und Amerika (Wood 1988, 36–42).

Heute sind es über 100 Staaten, die auf Kurz- oder Mittelwelle oder über Satellit Sendungen in alle Welt ausstrahlen – Sendungen mit mehr oder weniger deutlich werbenden Zielen – zugunsten eines politischen Systems, aber auch des kulturellen und wirtschaftlichen Exports und des Tourismus (Wood 1988, 129).

Daneben gibt es auf Kurzwelle auch internationale Programme, die primär der kommerziellen Unterhaltung dienen (z. B. *Africa No. 1*, vgl. unten Kap. 3.2). Ähnlich wie Fernsehserien oder Kinofilme Produkte einer global tätigen Unterhaltungsindustrie sind, verbreiten diese international tätigen Radiosender Botschaften, die vielerorts als Bedrohung nationaler (edukativer und politischer) Radiotätigkeit gesehen werden.

1.2.4. Das kostengünstige Medium

Das Radio überwindet nicht nur politische und geographische Grenzen; auch als Produktionsmedium kennt es relativ kleine Hindernisse. Wer eine beschränkte Reichweite in Kauf nimmt, kann mit billigsten Mitteln zum Hörfunkveranstalter werden. Die jüngere Rundfunkgeschichte hat gezeigt, dass auf UKW auch finanziell schwache Gruppen und Einzelpersonen Radio machen können. Kleine Gruppen mit einfachen, oft sehr mobilen Sendern haben in Europa seit den 1970er Jahren gezeigt, dass sie mit geringen Investitionen einen Ballungsraum mit Popmusik und Werbung bedienen oder den BewohnerInnen einer Region alternative Informationen und Kommentare anbieten konnten. Dies gilt sowohl für die sogenannten Piratensender als auch später für nichtkommerzielle Privatsender (Kleinsteuber 1991, 296–311). Für entsprechende Sendeformen gibt ein Radiosender zehn- oder auch zwanzigmal weniger aus als ein Fernsehsender:

> Der Südwestfunk nennt im Jahre 1997 als Kosten für eine Sendeminute (in DM) in den regionalen Programmen *S 4* (Radio) und *Südwest 3* (Fernsehen):
> Politik im Radio: 146,– Politik im Fernsehen: 1.824,–
> Sport im Hörfunk: 271,– Sport im Fernsehen: 1.512,–
> Kultur im Hörfunk: 150,– Kultur und Wissenschaft im Fernsehen: 1.301,–
> Hörspiel: 431,– Fernsehspiel: 3.234,–.

Lewis (1991, 15) zeigt, dass das Radio bisweilen gezielt als Übungsfeld für Autoren dramatischer Fernsehproduktionen genutzt wird. Die billigere Sendeform Hörspiel lässt es zu, mit dramaturgischen Formen zu experimentieren, um die so gewonnene Erfahrung später im teureren Fernsehspielfilm umzusetzen.

Auch vom Rezipienten lässt sich das Radio technisch und finanziell leichter handhaben als das Fernsehen (ganz zu schweigen von der abonnierten Zeitung). Radiogeräte sind nicht nur billig, sondern sie eignen sich auch für die Rezeption in größeren Gruppen, so dass sich der Kostenaufwand pro HörerIn drastisch reduziert. In russischen Mietshäusern wurden Radioprogramme jahrzehntelang über Kabel in die einzelnen Wohnungen verteilt, wo sie aus einfachen Lautsprechern gehört werden konnten, ähnlich wie es vielerorts in Krankenhäusern üblich ist. Aus arabischen Ländern wird das Radiohören als Gruppenerlebnis geschildert, bei dem sich mehrere Leute um einen einzelnen Empfänger scharen (Boyd 1993, 7).

Dennoch variiert die Wirtschaftlichkeit des Mediums Radio mit dem Nord-Süd-Gefälle. In städtischen Gebieten industrialisierter Länder macht sich die verhältnismäßig billige Sendetechnik auf UKW bezahlt. In weiträumigen, dünn besiedelten Regionen sind die Radiosender auf die ungleich teurere MW- und KW-Technik angewiesen (Boyd 1993, 56–58; Bourgault 1995, 96). Auch der technische Wettlauf zwischen politisch rivalisierenden Staaten kann die Kosten in die Höhe treiben. Es kann z. B. aus Propagandagründen als nötig erachtet werden, die Präsenz im Äther zu erhöhen. Im Mittelwellenbereich geht dies nur über eine Aufrüstung der Senderstärke (Boyd 1993, 340–342).

In den Entwicklungsländern ist auch der Erwerb und Unterhalt eines Radioempfängers für den Hörer keine Selbstverständlichkeit. Wenn ein Gerät noch eine einmalige Anschaffung darstellt, so kann der Erwerb von Batterien dennoch regelmäßige finanzielle Probleme bieten. Dies betrifft gerade abgelegene ländliche Gebiete, die von den edukativen Programmen besonders profitieren sollen. In Zimbabwe zum Beispiel kommen noch Ende der 1980er Jahre auf 8,5 Millionen Einwohner nur gerade „300 000 Radioapparate, davon wiederum die meisten in den städtischen Zentren" (Schmidt 1989, 529).

1.2.5. Das einfache, schriftlose Medium

Wer Hörfunk produziert, braucht weder zusätzliche Kodierungstechniken (wie das Schreiben) noch anspruchsvolle Techniken der Visualisierung (wie die Handhabung einer Kamera) zu beherrschen. Die gesprochene Sprache reicht im Prinzip aus. Damit unterscheidet sich das Medium Radio v. a. auch von den Vorläufern Telegraphie und Zeitung.

Dies hat z. B. aus der Perspektive wenig alphabetisierter Länder eine große Bedeutung. Die Sendungen sind auch Analphabeten unmittelbar zugänglich, und umgekehrt ist jeder Rezipient aufgrund seiner alltagssprachlichen Kompetenz in der Lage, zum Kommunikator zu werden und eine Aussage über das Radio zu verbreiten. Zwar muss diese sich dann u. U. in der Konkurrenz mit professionell gemachten Alternativangeboten behaupten, aber grundsätzlich kann sich das Programm eines Alternativ- oder Piratensenders aus lauter gesprochenen, alltagssprachlichen Botschaften zusammensetzen. Auch etablierte Sender nutzen die niedrige Kodierungsschwelle durch verschiedenste Formen der Hörerbeteiligung (vgl. unten Kap. 4).

Allerdings wäre es eine Idealisierung, die Produktion von Hörfunkbotschaften als rein mündliche Tätigkeit darzustellen. Radioprogramme entstehen in fast gleichem Maße wie Zeitungen aufgrund schriftlicher Quellen und Vorlagen. Die Sprachstile, die damit geschaffen werden, setzen dann in der Regel wieder ein Publikum voraus, das mit schriftlichen Textsorten vertraut ist. Es handelt sich nicht um Mündlichkeit im alltagssprachlichen (und Analphabeten primär zugänglichen) Sinn, sondern um *secondary orality* (vgl. Kapitel 5). Damit werden möglicherweise trotz der Mündlichkeit des Mediums wieder Barrieren für Schriftunkundige aufgebaut.

Etwas anders steht es um die Sache in Kulturen, die nie eine Schriftkultur entwickelt haben, die andere publizistische Medien ermöglicht hätte. Widlok (1989) z. B. beschreibt, dass Radiosender einzelnen Volksgruppen Nordamerikas erstmals die Möglichkeit bieten, moderne öffentliche Kommunikation in eigener Regie zu betreiben. In den Worten eines Studioleiters: „Die Lage der Ureinwohner von Amerika können wir selbst am besten beurteilen. In unserer eigenen Sprache und indem wir direkt zu den Hörern sprechen" (Widlok 1989, 515).

Überhaupt ist Radio als Medium einfach zu handhaben. Zwar benötigt seine Sendetechnik einen gewissen technischen Aufwand, aber wenn einmal die Infrastruktur gegeben ist, kann ihre Bedienung schnell erlernt werden. Zudem lassen sich Sendungen bei Bedarf als Gespräche oder Vorträge gestalten, also als Formen, die aus dem Bereich der direkten öffentlichen Kommunikation übernommen werden.

1.2.6. Ausblick

Einen ersten Zugang zum Medium Radio ermöglichen seine technischen Merkmale. Ohne die ungehinderte Ausbreitung der elektromagnetischen Wellen könnte es nicht die Grenzen überschreiten. Ohne die Miniaturisierung und die günstigen Preise seiner Hardware wäre es nicht so mobil.

Aber um zu verstehen, wie und warum Kommunikator, Akteur und Rezipient heute das Medium nutzen, reichen diese Vorgaben nicht aus. Sie erklären nicht, warum der Radiomarkt in vielen Ländern starken Wettbewerbsbeschränkungen unterliegt. Sie erklären nicht, warum Werbetreibende stärker aufs Fernsehen setzen. Sie erklären nicht, warum sich sehr wenige Hörer für die Dienste des digitalen Radios interessieren. Sie erklären nicht, warum Hörerinnen und Hörer bisweilen bereit sind, für ihren Sender auf die Barrikaden zu gehen.

Schnell, einfach, grenzüberschreitend: Merkmale des Radios 15

Um zu zeigen, wie sich dieses einzelne Medium in die öffentliche Kommunikation eines Landes und auch über Landesgrenzen hinweg einfügt, wird deshalb in den folgenden drei Kapiteln die Frage nach seinen Besonderheiten aus drei verschiedenen Perspektiven gestellt: aus der Perspektive des Kommunikators, des Akteurs und des Rezipienten. Das Kapitel 2, *Kommunikatoren,* setzt dabei einen Schwerpunkt auf den rechtlichen und organisatorischen Rahmenbedingungen. Das Kapitel 3, *Akteure,* zeigt einzelne Aspekte gegenseitiger Abhängigkeit auf. Das Kapitel 4, *Rezipienten,* stellt die Hörerinnen und Hörer nicht nur als KonsumentInnen, sondern auch als ProduzentInnen von Programmen dar. Das fünfte Kapitel, *Inhalte,* beschreibt dann die Interaktion zwischen Kommunikator, Akteur und Rezipient auf der Ebene des Produkts. Es behandelt das medienspezifische Zeicheninventar, die Beitrags- und Sendeformen des Radios und ihre Präsentations- und Organisationsformen auf der Ebene von Programm und Format.

2. Kommunikatoren

Hörfunk-Redakteure sind im Schnitt auch die netteren Menschen, die gescheiteren. [...] Ich jedenfalls weiß, wovon ich rede, da ich seit Jahr und Tag immer wieder fürs Radio gearbeitet habe. Das fing in den ganz frühen sechziger Jahren an, als ein Redakteur in Graz sich der Mitglieder der gerade im Forum Stadtpark entstehenden Grazer Gruppe annahm. Er war der erste, der unsere Gedichte und frühen Prosa-Stücke in seinen Sendungen brachte, und das sogar gegen Entgelt. Und die, die sonst auch noch etwas wussten, beauftragte er mit Sendungen über Literatur, in meinem Fall über türkische und ungarische Literatur, der ich mein Studium gewidmet hatte. (Frischmuth 1996, 16–17)

Radio ist in der Erinnerung aller, die mit ihm in Berührung gekommen sind, immer verbunden mit Personen: mit einem Redakteur, der in seinem redaktionellen Bereich etwas bewirken konnte, einem Techniker, der eine Studioführung geleitet hat, der Stimme einer Telefonistin, die einem einen Sachverhalt erklärt hat. Medienhistorische Texte drehen sich oft um einzelne Persönlichkeiten. Dennoch ist dabei immer die Spannung zu spüren zwischen der Kommunikator-Organisation und dem einzelnen Menschen, der in ihr arbeitet.

Auch die Fortsetzung des Eingangszitats von der Schriftstellerin Barbara Frischmuth zeigt, dass hinter den einzelnen Radioleuten eine ganze Kommunikator-Organisation steht:

Diese Halb- oder Stundensendungen, die später dann von deutschen Sendern übernommen wurden, haben viel dazu beigetragen, dass ich mir die Kühnheit gestattete, von Haus aus als freischaffende Schriftstellerin und Übersetzerin zu arbeiten. Leider ist dieser Redakteur, an den alle Grazer Autoren mit einer gewissen Rührung denken, später verrückt geworden. Auf eine Weise, die sein Leben zu krönen schien. Der Wahnsinn hatte ihn souverän gemacht, und er sah plötzlich viel besser aus, entkrampft und mit einem weißen Bart. Er wurde emphatisch und holte bei seinen Gesten weit aus. Er ist dann bald gestorben. Der Sender blieb literaturfreundlich und veranstaltet heute noch öffentliche Lesungen an dem Teich auf seinem Areal oder im großen Sendesaal. Lesungen, zu denen mehrere hundert Grazer kommen und die live übertragen werden.

Der Kommunikator wird hier zunächst als einzelne Person, als eine unvergessliche Persönlichkeit, charakterisiert. Aber als diese das Radio verlässt, wird ihre Funktion durch die Institution (und andere Menschen in ihr) weitergeführt. Die Kommunikatororganisation war für entscheidende Funktionen wichtiger als der einzelne Mitarbeiter.

Was bei einfacheren Medien als Autor oder Redner bezeichnet werden könnte, ist im Radio ein Ensemble von Rechercheur, Redakteur, Reporter, Moderator, Techniker, Chefredakteur usw. Alle haben ihr Teil zum Text beigetragen, und doch geschieht es oft, dass keiner von ihnen den Text noch als seinen Text bezeichnen würde.

Das Zitat drückt aber noch mehr aus. Es zeigt, dass sich die Tätigkeit der Kommunikatororganisation nicht darauf beschränkt, Programme zu produzieren und zu verbreiten. Das Radio tritt hier ja als Kulturförderer auf, der die Herstellung von Texten in Auftrag gibt. Der Redakteur gibt Kulturschaffenden, die sonst eher als Akteure dargestellt würden, die Gelegenheit, selbst Kommunikatoraufgaben zu übernehmen (und damit Geld zu verdienen). Allerdings verschafft er ihnen nicht nur den Zugang zum Medium, sondern er bestimmt auch viele Rahmenbedingungen, bis zur Wahl der Textsorte, der Textlänge, den programmlichen Kontexten usw. Darin zeigt sich die Nähe von Kommunikatoren und Akteuren, die größer oder geringer sein kann, je nach dem, aus welchem gesellschaftlichen Bereich diese stammen.

Barbara Frischmuths Geschichte ist aber auch typisch für das Selbstverständnis einer besonders verfassten Hörfunkorganisation – nämlich des *ORF* –, die es als ihren Auftrag ansieht, Schriftstellerinnen und Schriftsteller zu fördern, und die es sich auch leisten kann. Hätte es sich um eine private Radiostation (in Österreich erst Ende der 1990er Jahre zugelassen) gehandelt, wäre es um die programmlichen Schwerpunkte und die finanziellen Möglichkeiten anders bestellt gewesen.

Ob Radio öffentlich oder privat organisiert und finanziert wird, ist die Ausgangsfrage, wenn es um Kommunikatoren geht. Dieses Kapitel setzt deshalb den Schwerpunkt bei den unterschiedlichen Organisationsformen des Radios im dualen System. Wie sich das Verhältnis von privatem und öffentlichem Radio entwickelt hat, soll anhand verschiedener Länder gezeigt werden. Die Kommunikator-Akteur-Beziehungen dagegen werden Thema von Kapitel 3, Akteure, sein.

2.1. Öffentliches und privates Radio

Wie ein roter Faden zieht sich durch die Hörfunkgeschichte fast aller Länder die Bestrebung der Politik, die hörfunktreibenden Organisationen zu kontrollieren. Wer Radiotypen unterscheidet, tut dies deshalb meist nach dem Grad und der Art ihrer Abhängigkeit vom Staat.

Die für Europa typische Entwicklung, dass ein eng an den Staat gebundener Monopolrundfunk in den letzten Jahrzehnten des 20. Jahrhunderts durch privaten Rundfunk ergänzt wurde, führt zur Bezeichnung *duales System*. Damit kann eine Situation wie die deutsche gemeint sein, wo zu einem gut ausgebauten Netz öffentlich-rechtlicher Anstalten eine vielfältige Gruppe von privaten Radios stieß. Von dualem System spricht man aber auch bei den mittel- und osteuropäischen Staaten, die privates Radio zuließen und gleichzeitig den bisherigen, staatlich geleiteten Einheitsrundfunk umstrukturierten (Kleinwächter 1995).

2.1.1. Zwei Modelle

Öffentliche und private Veranstalter unterscheiden sich nicht nur in wirtschaftlichen Kategorien. Zwar sind die einen öffentliches, die anderen privates Eigentum, zwar finanzieren sich die einen vornehmlich über Gebühren, die anderen über den Verkauf von Werbezeit, zwar funktionieren die einen primär als Non-Profit-Organisationen, während die anderen sich marktwirtschaftlich ausrichten und Gewinn abwerfen müssen. Aber damit verbunden sind auch unterschiedliche Zielsetzungen: Wenn bei den privaten Radios Gewinnmaximierung für den Sender und Nutzenmaximierung für den Hörer als Ziel gelten können, dann sind es bei den öffentlichen Radios gesellschaftliche Ziele wie die Optimierung des Meinungsbildungsprozesses. Dem Wettbewerbsmechanismus, nach dem sich die Privaten richten, steht als Steuerungsmechanismus bei den Öffentlichen die Gemeinwohlorientierung gegenüber (Hall 1997).

Das Produkt wird im privaten Radio aufgrund von Marktbedingungen auf ein Zielpublikum zugeschnitten. Vom öffentlichen Radio wird dagegen entsprechend dem gesellschaftlichen Auftrag ein Vollprogramm erwartet, das insbesondere den öffentlichen Auftrag, zu informieren und zu bilden, wahrnimmt, der in der Gesetzgebung enthalten ist. Zum Beispiel bestimmen in der Bundesrepublik Deutschland die Staatsverträge, dass die von der *ARD* verantworteten „Vollprogramme" einen wesentlichen Anteil an Bildungsprogrammen enthalten.

Des weiteren unterscheiden sich öffentliche und private Radios auch durch die Verbreitungsbedingungen. Die öffentlich-rechtlichen Programme in Deutschland genießen Vorrang in der überregionalen Verbreitung und besetzen sehr viel mehr Frequenzen als ihre direkten Mitbewerber.

Sehr schematisch lassen sich mit den beiden Organisationsformen auch zwei Sichtweisen der Massenkommunikation unterscheiden:

1. Beim öffentlichen Rundfunk ist die zentrale Vorstellung die des *service public* (der deutsche Begriff *Gemeinwohl* hat eine etwas weniger nüchterne Konnotation als dieser französische). Der Kommunikator ist Vermittler in einem gesamtgesellschaftlichen Kommunikationsprozess. Die Botschaften gehen nicht vom Medium aus, sondern von den einzelnen gesellschaftlichen Gruppen, den Akteuren.

2. Beim privaten Rundfunk mit der zentralen Vorstellung *Markt* ist der Kommunikator Produzent von Botschaften, und der Rezipient ist der Kunde. Der Kommunikationsprozess, der in erster Linie interessiert, ist also derjenige

Öffentliches und privates Radio 19

zwischen Rundfunkorganisation und Publikum. Er produziert Daten über die Marktanteile, die der Medienorganisation beim Verkauf von Werbezeit dienen. In Wirklichkeit gibt es die reine Ausprägung der einen oder anderen Form natürlich nicht. Heutzutage hat fast jede öffentliche Rundfunkanstalt auch kommerzielle Ausrichtungen, und umgekehrt wurden auch für die Gründung privater Veranstalter gesellschaftliche Argumente ins Feld geführt, die den Bereich des *service public* tangierten (z. B. die Verbesserung der Information im lokalen Bereich durch die Privatradios). Was sich dennoch bei beiden Organisationsformen unterscheidet, ist das Rollen-Selbstverständnis. Im privaten Bereich ist es z. B. möglich, ein Radioprogramm von einem Tag auf den anderen einzustellen, weil es nicht rentiert, im öffentlichen Bereich dagegen kann man ein Programm hoch subventioniert weiter bestehen lassen, *obwohl* es nicht rentiert.

Kennzeichnend für das öffentliche Radio vieler Länder (z. B. auch Skandinavien, England) ist eine ‚nationale' Radiogesellschaft, die auf der Grundlage einer von der Regierung verliehenen Konzession arbeitet und lange Zeit eine Monopolstellung innehatte. Die öffentlichen Radios unterscheiden sich von den kleineren privaten oft durch den größeren Verwaltungsaufwand und eine stärkere Arbeitsteilung.

Die staatlich stärker kontrollierten Radios, wie sie sich in vielen autoritär regierten Ländern finden, muten oft wie eine schlechte Version des öffentlich-rechtlichen Systems an: extremes Einschaltprogramm mit gouvernementalem (statt demokratisch zusammengesetztem) Kontrollorgan. Was diesen Institutionen fehlt, ist nicht nur die Ergänzung durch privatwirtschaftliche Sender, sondern auch die pluralistische öffentliche Kontrolle.

In Deutschland wird vom ‚öffentlich-rechtlichen' Radio gesprochen, weil es hier Anstalten des öffentlichen Rechts sind, die das öffentliche Radio verbreiten. Die Exekutive hat keine direkte Einflussmöglichkeit, aber die Kontrolle der Anstalten ist gesellschaftlich breit abgestützt. Der Begriff ‚öffentlich-rechtlich' wird dann oft fälschlich auf den öffentlichen Rundfunk anderer Länder übertragen, z. B. auf den der Schweiz, der eigentlich privatrechtlich verfasst ist. Aber ob nun die Anstalten der *ARD* öffentlich-rechtliche Anstalten sind oder die *SRG* ein privatrechtlicher Verein – sie gleichen sich dennoch in vielem, von ihrer Position im politischen Diskurs bis zu den Eigenheiten ihres Programms.

Eine interessante Mischform stellt das niederländische Modell dar. Die Organisation der landesweiten Programme ist aufgeteilt unter acht Organisationen. Wenn in *Radio 3* an einem Donnerstag vormittag *A Day in the Life* von den Beatles anmoderiert wird, geschieht dies in Verantwortung der Radiogesellschaft *TROS*. Wäre es Freitag, so handelte es sich um *Veronica*, am Samstag um *NCRV*, am Sonntag um *KRO*. Es sind Vereine, deren Mitglieder Hörerinnen und Hörer sind, die über ihren Mitgliederbeitrag das Programm finanzieren. Das Recht, sich an einem Programm zu beteiligen, bekommt ein Verein, wenn er genügend Mitglieder aufweisen kann. Und obwohl die Gesetzgebung alle Veranstalter dazu verpflichtet, den geistigen und kulturellen Ansprüchen der niederländischen Gesellschaft zu genügen, werden durch die Mitgliederverhältnisse entsprechende Akzente gesetzt. *KRO* zum Beispiel ist eine katholische, *NCRV* eine protestantische Organisation. Überlagert wird diese durch die Mitgliedschaft gegebene Hörerstruktur von Publikumsdaten, wie sie für jedes Radio ermittelt werden können. Das Zielpublikum von *Radio 3* ist jugendlich und unterscheidet sich von dem des Klassiksenders *Radio 4* oder des Informationssenders *Radio 1*.

2.1.2. Die Organisation

Die einzelne Kommunikator-Organisation, so wie sie uns in Deutschland mit dem lange Zeit dominierenden öffentlich-rechtlichen Modell vertraut ist, ist ein komplex aufgebauter, arbeitsteiliger Betrieb.

Herkömmlicherweise werden im öffentlich-rechtlichen Modell drei Hauptbereiche unterschieden: Programmproduktion, Verwaltung und Technik. Immer größeres Gewicht bekommt ein vierter Bereich: Verkauf und Marketing. Für mittlere und größere kommerzielle Sender gilt (laut Haas/Frigge/Zimmer 1991, 737–743) sogar durchgehend eine Zweiteilung: Der Programmdirektion sind nicht nur die redaktionellen Sparten, sondern auch die Technik unterstellt; dem gegenüber steht die Marketingdirektion, zu der auch der ganze Bereich *Operations* (Personalwesen, Rechnungswesen usw.) gehört.

Bei den öffentlich-rechtlichen Anstalten der Bundesrepublik sind die Bereiche z. T. für Radio und Fernsehen zusammengenommen; d. h., es gibt – unter der Direktion des Intendanten – eine Programmdirektion Hörfunk, eine Programmdirektion Fernsehen und gemeinsame Direktionen für Technik und Verwaltung. Für Werbung und andere (aus der Sicht des Programmauftrags) Nebenprodukte ist keine eigene Abteilung zuständig. Für sie haben die *ARD*-Anstalten privatwirtschaftliche Tochtergesellschaften aufgebaut (Huhn/Prinz 1990, 64–73).

Erstaunlich ist auf den ersten Blick, dass Unternehmen der gleichen Branche mit ganz verschiedenen Organisationsstrukturen auskommen. Es ist ja nicht nur so, dass entsprechend ihrer Geschichte und ihrem Auftrag die öffentlich-rechtlichen Anstalten verwaltungslastiger organisiert sind, sondern auch, dass die Technik in den privaten Radios einen geringeren Stellenwert einnimmt, und zwar nicht nur im Bereich der Studioproduktion:

> Sie vertrauen vielmehr darauf, dass die technische Infrastruktur für Rundfunk in der Bundesrepublik eine öffentliche Aufgabe ist und daher von der Post vorgehalten werden muss. [...] Wirtschaftlich läuft dieses System darauf hinaus, alle aufwendigen Infrastrukturmaßnahmen die Allgemeinheit bezahlen zu lassen: Sozialisierung der Kosten, Privatisierung der Gewinne, wie eine vielleicht etwas politische aber zutreffende Formel für dieses polit-ökonomische Verfahren lautet. (Huhn/Prinz 1990, 64)

Allerdings wäre die Forderung, an die beiden Typen von Organisationen gleiche Maßstäbe anzulegen, aus der Sicht der Öffentlich-rechtlichen kontraproduktiv.

Öffentliches und privates Radio 21

Sie beziehen ihre Legitimation daraus, dass sie anderen, nämlich öffentlich relevanten Zielen dienen und Profit nicht ihr Hauptanliegen sein kann.

2.1.3. Kommerzielles und nichtkommerzielles Radio

In der Praxis mutet das duale System oft wie ein *triales System* an, weil bei den privaten Radios zwischen kommerziellen und nichtkommerziellen unterschieden werden muss. Die nichtkommerziellen bieten nicht nur programmlich eine Alternative, sondern sind oft anders verfasst (z. B. als Verein statt als Aktiengesellschaft). Aus der Überzeugung heraus, dass nichtkommerzielle private Sender wichtige Leistungen für die freie Meinungsäußerung erbringen, und aus der Sorge um ihre weitere Existenz haben der Europarat und das Europäische Parlament Resolutionen zum Schutz und insbesondere auch zur finanziellen Stützung solcher Radios verabschiedet (Bamberger 1997, 69–70). In der Bundesrepublik können sie seit 1996 (Rundfunkstaatsvertrag) auch aus den Rundfunkgebühren unterstützt werden.

Während sich für den öffentlichen und den nichtkommerziellen Hörfunk ein Selbstverständnis herausgebildet hat, das sich umschreiben lässt mit der Frage: *Wie lassen sich unsere (vom Gesetzgeber vorgegebenen) Kommunikationsziele am besten verwirklichen?* ist zumindest für den privaten Hörfunk die Frage ebenso legitim: *Wie erzielen wir einen möglichst hohen wirtschaftlichen Erfolg?*

Illustrieren lässt sich dies mit Erfolgsstories von Radiomachern. In den Anfangszeiten des dualen Systems wurden solche immer wieder auf Tagungen präsentiert. So sagte der Geschäftsführer eines kommerziellen ‚Hitradios':

> Als wir 1989 über die Plazierung eines neuen Radioproduktes in Hamburg nachdachten, fanden wir eine Situation vor, in der bereits über 20 Radioprogramme in Hamburg on air waren. [...] Deshalb war für uns die zentrale Frage, wie man auf einem so engen Markt ein neues Produkt plaziert. (Borsum 1996, 209–210)

Ganz anders dagegen der Vertreter eines nichtkommerziellen Radios (Radio Dreyeckland). Er betont die folgenden Ziele und Inhalte seines Radios:

> Wir sind im wesentlichen ein Programm für die Allgemeinheit. [...] Uns interessiert, was in der Nachbarschaft passiert, speziell all das, was die Entwicklung neuer Initiativen im lokalen Bereich anbelangt. Das Radio ist auch dazu da, darüber zu informieren, was in Bewegung ist, was Andere auf neue Ideen bringen kann. (Laemmel 1996, 205)

Die wirtschaftlichen Bedingungen werden zwar nicht als sekundär betrachtet, und auch Radio Dreyeckland arbeitet „an neuen Produkten und Dienstleistungen im Kommunikationsbereich" (Laemmel 1996, 208); aber die Schwerpunktsetzung ist eindeutig: man geht von einer Funktion der öffentlichen Kommunikation aus und nicht von der eines gewinnorientierten Dienstleistungsunternehmens.

Beim kommerziellen Radio dagegen steht am Anfang die Lancierung eines Produkts auf einem Markt, den man zuerst erobern muss. Die Erfolgsstory von *OK Radio* in Hamburg z. B. lässt sich nach Darstellung ihres Geschäftsführers in folgenden vier Grundsätzen zusammenfassen:

1. Marktanalyse, Analyse vergleichbarer Märkte
2. Forschung (ständige Analyse der Hörererwartungen)
3. Profilierung durch Zusatznutzen (zusätzlich zur Musik)
4. Stilistische Profilierung als Marke (Borsum 1996)

Was dabei entsteht, ist dann allerdings noch nicht das eigentliche „marktfähige" Produkt, sondern erst das „Zwischenprodukt zur Schaffung des eigentlich marktfähigen Guts", nämlich des Zugangs zum Publikum (wie es Kiefer 1996a, 85 in Anlehnung an Benjamin J. Bates formuliert). Der Kunde ist die werbungtreibende Wirtschaft; das Gut, das sie dem Rundfunkunternehmen abkauft, ist der Zugang zur gewünschten Zielgruppe.

Rundfunkwerbung („Radio-Inserate") gehörte von den ersten Radiojahren an auch in Deutschland zum Programm, wenn auch von der Konkurrenz der Zeitungsverleger beargwöhnt. Schon 1924 erlaubte die Post offiziell Werbesendungen „in mäßigem Umfange und allervorsichtigster Form" (Lerg 1980, 137).

Die frühe Verquickung von Radio und Wirtschaft zeigen auch die Fälle des Sponsoring, die seit den ersten Jahren aufzeigbar sind. In Deutschland ersparten Schallplattenkonzerte den Auftritt von Orchestern. In Frankreich nannte sich der erste Star-Moderator *Radiolo,* sein Sender *Radiola,* welches auch die Marke eines Rundfunkempfängers war (Ortoleva 1995, 156).

2.1.4. Konkurrenz im Mediensystem

Als wirtschaftliches Unternehmen steht das Radio in Konkurrenz mit anderen Anbietern innerhalb und außerhalb des Hörfunkbereichs. Ein Blick in die Hörfunklandschaft der 1990er Jahre zeigt ein Radio, das Prozesse der Konzentration durchlaufen hat. Und zumindest für Europa kann gesagt werden, dass sich das Radio im ausgehenden 20. Jahrhundert in der Defensive befindet. Seine Situation wird geprägt durch einen stagnierenden Hörfunk-Werbemarkt und durch die Konkurrenz anderer audiovisueller Medien. In Europa sinkt die Zahl der Anbieter, auch wenn sich das Programmangebot und die Möglichkeiten der Verbreitung (Kabel, DAB) erweitern (Bamberger 1997, 83–84).

Marktanteile werden u. a. dadurch zu halten versucht, indem Formate entwickelt werden, die sich an eng definierte Zielgruppen richten, so dass sie für die Werbetreibenden wieder interessant werden und die Finanzierung dennoch sichern. Dies kann u. U. in Form einer Mischrechnung geschehen, bei der ein traditioneller Radiobetreiber sein Vollprogramm dadurch sichert, dass er sich seine eigene ‚Konkurrenz' in Form eines Zielgruppenprogramms aufbaut.

Öffentliches und privates Radio 23

Andere Möglichkeiten der Diversifikation eröffnen Radiodienste, die gegen Bezahlung angeboten werden *(Pay Radio)*. Es wäre z. b. denkbar, Musikproduktionen über das Radio ohne Datenträger zu verkaufen, was für Firmen interessant sein kann, die sowohl in der Musikproduktion als auch im Rundfunk engagiert sind (Bamberger 1997, 85–86).

Das laufende Programm ist also nicht mehr das einzige „Produkt" des Radios. Immer intensiver versuchen die Rundfunkveranstalter z. b. auch die Rechte weiter zu verwerten, die sie im Zusammenhang mit ihrer Produktionstätigkeit erwerben. Dass Senderechte an weitere Veranstalter vergeben werden *(Licencing)*, ist die herkömmliche Seite dieses Handels. Dass sie auf Kassetten und CDs direkt oder über eigene Vertriebsfirmen dem Publikum verkauft werden, gehört mittlerweile ebenso dazu wie die Produktion von Alltagsgegenständen, die das Sender-Logo tragen *(Merchandising)*. Die finanzielle Bedeutung dieser sekundären Nutzung darf aber insbesondere für die gebührenfinanzierten öffentlichen Anstalten nicht überschätzt werden (Kiefer 1997).

Damit haben sich die Konkurrenzverhältnisse im Mediensystem im Vergleich zu den *Radio Days* ausdifferenziert. Es geht nicht mehr nur um die Konkurrenz zwischen Radio und Zeitung bzw. Fernsehen, auch nicht mehr nur um die Konkurrenz verschiedener Radiostationen. Hinzugekommen ist eine Konkurrenz über zusätzliche Dienste, wie sie durch die digitale Technik ermöglicht werden und die die Möglichkeiten des ursprünglichen Diffusionsmediums erweitern. Das ist auch als Versuch zu sehen, den Zuhörer wieder zum direkten, selbst zahlenden Kunden (und nicht nur zum Argument gegenüber den Werbetreibenden) zu machen.

2.1.5. Regulierung

Das Wirtschaftsunternehmen Radio bewegt sich in einem stark regulierten Markt: Dass sich der Markt nicht frei entfaltet, sondern sich in zwei prinzipiellen Formen ausprägt (als privates Eigentum mit öffentlicher Kontrolle oder als öffentliches Eigentum mit einer politisch kontrollierten Bürokratie), ist gesetzlich festgelegt (Heinrich 1994, 39).

Von freiem Wettbewerb unter den Rundfunkunternehmen kann nicht die Rede sein – weder zwischen öffentlichen und privaten Anbietern (weil er sich nicht um das oben beschriebene marktfähige Produkt dreht) noch zwischen den privaten Anbietern untereinander. Die Gesetzgeber und das Verfassungsgericht erwarten von ihnen gemeinnützige Ziele, die der Herstellung eines Produkts mit optimaler Rendite entgegenstehen können (Kiefer 1989a). So sind in Nordrhein-Westfalen die privaten Sender zur lokalen Berichterstattung verpflichtet (§ 24 Abs. 1 des Landesrundfunkgesetzes) und müssten dieser Aufgabe auch dann nachkommen, wenn sich zeigte, dass reine Musikprogramme profitabler wären.

Begründet wird die Regulierung des Rundfunkbereichs zunächst mit den beschränkten *technischen Ressourcen:* Die Zahl von Frequenzen, die für den

Rundfunk genutzt werden können, ist beschränkt. Wie die Frequenzen verteilt werden, ist Gegenstand internationaler Vereinbarungen (z. B. *Kopenhagener Wellenplan* von 1948 und *Genfer Wellenplan* von 1978 für Mittel- und Langwelle). Aber auch natürliche Schranken dienen als Begründung für die Einschränkungen. Z. B. kann es in gebirgigem Gelände die Topographie erfordern, dass ein einzelnes Programm auf mehreren Frequenzen gesendet wird. Wenn man der Versorgung durch öffentliche Radios Priorität gegeben hat, kann damit die Situation für die regionalen Privatradios prekär werden.

Als *gesellschaftliche* Begründung für die Regulierung dient der meinungsbildende Einfluss von Radio und Fernsehen. Die Informationstätigkeit des Rundfunks wird für so einflussreich gehalten, dass Begriffe wie Objektivität, Gleichberechtigung und Ausgewogenheit in die Gesetze aufgenommen werden (Soramäki 1990, 17). Für das duale System in Deutschland gibt es hierzu Urteile des Bundesverfassungsgerichts. Grundlage ist die Funktion des Rundfunks in der öffentlichen Kommunikation. Weil die Vielfalt der Meinungen auch im dualen Rundfunksystem zum Ausdruck kommen muss, darf der Rundfunk „nicht dem freien Spiel der Kräfte überlassen werden" (Ring 1996, 77).

Die Regulierung des Rundfunkbereichs muss aber auch *historisch* verstanden werden. Die Einführung des Rundfunks als publizistisches Medium fällt in die Zeit nach dem Ersten Weltkrieg. Sie folgt auf eine Zeit, in der es gemeinhin unbestritten war, dass der Funkverkehr militärischen Zwecken dienen sollte und deshalb staatlich und nicht privat kontrolliert wurde. Die Inhaber politischer Macht waren also generell daran interessiert, die Kontrolle über das Medium nicht zu verlieren. Die betroffene Industrie dagegen, die sich wieder stärker um nichtmilitärische Abnehmer bemühte, forcierte liberalere Lösungen. Die Kompromisse, die sich aus den Auseinandersetzungen jener Zeit ergaben, führten zu unterschiedlichen rechtlichen und organisatorischen Strukturen, in denen sich die Auseinandersetzungen zwischen Politik und Industrie spiegeln.

2.2. Typen der Entwicklung zum dualen System

Das öffentliche Radio hat – zumindest in der Zeit nach dem Zweiten Weltkrieg – die Hörfunklandschaft vieler Länder geprägt. In Europa wurden meist erst in den 1970er und 1980er Jahren die gesetzlichen Grundlagen für private Alternativen geschaffen. Zwar waren die ersten Radios zunächst oft formal privatrechtliche Unternehmungen (zum Beispiel eine Aktiengesellschaft wie im Österreich der 1920er Jahre); aber die Kontrolle lag dennoch in der Hand öffentlicher Institutionen (an der österreichischen *RAVAG* waren der Bund, die Gemeinde Wien, Banken und Rundfunkindustrielle beteiligt; nur zehn Prozent des Aktienkapitals waren „wirklich ‚privat'" [Schmolke 1993, 46]). In den meisten europäischen Ländern dauerte es bis in die 1980er Jahre (in Österreich bis Mitte der

Typen der Entwicklung zum dualen System 25

1990er Jahre), ehe eine Deregulierung einsetzte (was aber nicht etwa die Beseitigung, sondern eine Veränderung der bisherigen Regulierung bedeutet).
Die Zulassung von privatem Rundfunk wurde vielerorts unter dem Zeichen der Wirtschafts- und Pressefreiheit vorangetrieben. Die Resultate entsprechen indessen diesen Erwartungen nur in Teilbereichen. Ähnlich wie im Fernsehen gibt es auch im privaten Hörfunk starke Konzentrationserscheinungen. Dazu gehören (nach Kleinsteubers Darstellung für Deutschland):

- Verbundsysteme für die Aquisition von Werbung und den Austausch von Programmen
- die Bevorzugung von Zeitungsverlegern bei der Vergabe von Hörfunklizenzen
- die Beteiligung von marktbeherrschenden Medienunternehmen an einer Vielzahl von Sendern (Kleinsteuber im Druck)

2.2.1. Vom privaten Rundfunk zum dualen System: Frankreich

1922 besuchte der Direktor der *Compagnie française radioélectrique* die USA. Wieder zu Hause, lancierte er eine „öffentliche Einrichtung (service public) für Information, Musik, Gesang und Verbreitung verschiedener Werke" (Duval 1979, 31). Er erhielt dafür von der Regierung eine widerrufliche Genehmigung. Am 6. November 1922 (8 Tage vor der *BBC*) begannen auf dieser Grundlage die Sendungen von *Radiola* (später: *Radio Paris*). Werbung war zwar noch untersagt, aber *Radiola* ließ sich Sendungen sponsern (was die Regierung zunächst ahndete, nach drei Jahren aber den Radios zugestand) (Bamberger 1997, 89).

Weitere private Stationen entstanden. Mehrere Versuche der Regierung, über die Gesetzgebung die Zentralisierung und Verstaatlichung aller Sendebetriebe zu erreichen, scheiterten. Am Vorabend des Zweiten Weltkriegs sendeten in Frankreich zwölf private und zwanzig staatliche Stationen, deren Tätigkeit mit dem Waffenstillstand von 1940 unterbunden wurde. Nunmehr sendete im besetzten Frankreich das von Deutschland gelenkte *Radio Paris* und im Süden ein von der Vichy-Regierung kontrolliertes Netz von sieben Regionalsendern (während die Stimme des Widerstandes über *Radio London* zu hören war).

Nach dem Krieg wollte das *Comité français de la Libération* das Radio als wichtiges meinungsbildendes Medium staatlich kontrollieren. Die Presse musste erst wieder aufgebaut werden; man befürchtete das Wiederaufblühen faschistischer Propaganda. Deshalb wurde ein öffentliches Radiomonopol etabliert (im Gegensatz etwa zur liberaleren, pluralistischen Vielfalt der Niederlande). Erst nach einer langen Auseinandersetzung des Staates mit Piratensendern in den 1960er und 1970er Jahren wurden 1982 private Radios möglich – wenn auch zunächst mit strengen gesetzlichen Auflagen. Heute sind in ganz Frankreich 1800 Privatradios zu hören (Bamberger 1997, 104).

Die Vorarbeit für die Rückkehr der privaten Radios in die Legalität wurde aber nicht erst von den Piratensendern geleistet, sondern von den für Frankreich charakteristischen *radios périphériques:* Schon 1924, beim Bekanntwerden der ersten Verstaatlichungspläne, erwog die *Compagnie française radioélectrique,* Eigentümerin von *Radio Paris,* die Errichtung eines Senders außerhalb der Landesgrenzen. Ab 1933 strahlten die Sendungen von *Radio Luxemburg* nach Frankreich ein, und zwar von Beginn an auch in französischer Sprache. Ab 1943 kam *Radio Monte Carlo* hinzu (an dem der französische Staat beteiligt ist). 1955 nahm *Europe No.1* vom Saarland aus seine Sendungen auf. In den 1960er Jahren konkurrierten in erster Linie zwei ‚periphere', werbefinanzierte Programme um die Gunst des Publikums (und vor allem der jüngeren HörerInnen): der französische Dienst von *RTL* und *Europe No.1*

2.2.2. Vom privaten Rundfunk zum dualen System: andere Länder

Die Entwicklungszüge, die für die ersten Jahrzehnte am Fall Frankreichs gezeichnet werden können, gelten auch für andere Staaten: Privater Rundfunk in den Anfängen, dann bis zum Zweiten Weltkrieg der Übergang zu staatlichem Rundfunk. Während in Frankreich noch zu Beginn des Krieges private und staatliche Stationen nebeneinander existierten und dann der Krieg ein von den Besetzern und ein von der Regierung betriebenes Radio brachte, wurde die Entwicklung in anderen Ländern früher durch wirtschaftliche Faktoren korrigiert.

Die Tendenz wird von Hayman und Tomaselli (1987, 30) in ihrer Studie über die Entwicklung in Südafrika prägnant zusammengefasst. Sie zeichnen zuerst eine Periode der verschiedensten Versuchs- und Amateurtätigkeiten (1910–1922). Darauf folgt eine Phase, in der der Staat die Kontrolle übernimmt (1922–1924), indem er die Interessen von Herstellern und Handel mit seinen eigenen Bedürfnissen nach Kontrolle in Übereinstimmung bringt.

Zunächst bekamen drei kommerzielle Stationen ein Senderecht (je eine für die städtischen Agglomerationen von Kapstadt, Durban und Johannesburg), aufgrund einer Ausschreibung, die der Staat 1923 durchführte. Wirtschaftliche Schwierigkeiten führten 1927 zu einem Zusammenschluss der drei Gesellschaften. Politische Gründe (erzieherische Bedeutung des Radios, Eignung des Radios als Sprachrohr der Regierung, Vermeidung von Unterbrechungen im Radiobetrieb) führten zur Gründung einer nationalen Gesellschaft (die sich nur um die Belange eines weißen Publikums kümmerte), in teilweiser Anlehnung an das Vorbild der *BBC.* Erst 1950 nahm mit *Springbok Radio* wieder ein kommerzieller, durch Werbung finanzierter Sender seinen Betrieb auf (Hayman und Tomaselli 1987).

Analoges könnte aus europäischen Ländern berichtet werden. In Finnland etwa existierten von Anfang an in verschiedenen regionalen Zentren kleine private Stationen. Diese wurden aber nach der Gründung einer vom Staat kontrollierten Rundfunkgesellschaft (1926) von dieser allmählich aufgekauft, so dass bis zum Ende der 1930er Jahre die gesamte Programm- und Sendetätigkeit unter staatlicher Kontrolle stand (Minkkinen et al. 1975, 144–145). Erst die 1980er Jahre brachten kommerziellen Rundfunk auf lokaler Ebene.

2.2.3. Vom öffentlichen Rundfunk zum dualen System: Deutschland, Großbritannien, Schweiz

Auch in Deutschland stammten die ersten Anträge zur Errichtung von Radiosendern von privaten Gesellschaften. Davon war die eine, die *Rundfunk GmbH*, ein Zusammenschluss von Rundfunkunternehmen. Die andere dagegen, die *Gesellschaft für drahtlose Belehrung und Unterhaltung mbH (Deutsche Stunde)*, war, als Tochterunternehmen einer Nachrichtenagentur, von zwei regierungsnahen Persönlichkeiten gegründet worden (Ernst Ludwig Voss war Legationsrat im Auswärtigen Amt, Ludwig Roselius war Kaufmann und Wirtschaftspolitiker). Von Anfang an hielt in dieser Gesellschaft die Post 50 % der Stimmen. Kurze Zeit sah es so aus, als ob sich die beiden Gesellschaften die Aufgaben so teilen würden, dass die staatsnahe *Deutsche Stunde* die Programmtätigkeit, die wirtschaftsnahe *Rundfunk-GmbH* die Finanzierung und Betreibung der Sender übernähme. Letztlich aber löste sich diese Gesellschaft auf; für die Technik, den organisatorischen Ausbau und die Kontrolle der Programmgesellschaft wurde eine staatliche Stelle, das Postministerium, zuständig (Lerg 1980, 66–93).

So setzte sich sehr rasch das Modell eines öffentlichen Rundfunks durch. Die neun Sendegesellschaften auf Länderebene waren zwar privatrechtlich (als Aktiengesellschaften) organisiert; aber das Postministerium hatte in allen, wie auch in der übergeordneten *Reichsrundfunkgesellschaft (RRG)*, die Stimmenmehrheit. Die *Überwachungsausschüsse*, die die Rundfunkordnung von 1926 für alle Gesellschaften zur Kontrolle des Programms vorsah, wurden von den Ländern und dem Reich dominiert. Die Nachrichten mussten alle aus einer staatlich beherrschten Quelle übernommen werden, der *DRADAG (Drahtlose Dienst AG)*. 1932 waren alle Sender verstaatlicht.

Auch später wurden in der Weimarer Republik sämtliche Versuche, nichtstaatliches Radio einzuführen, verhindert. „Damit waren die strukturellen Voraussetzungen für den Einsatz des Hörfunks als wirkungsvolles NS-Propagandainstrument geschaffen, denn bereits vor Hitler als Kanzler war der Hörfunk von Nazi-Hierarchen und Nazi-Programmverantwortlichen durchsetzt gewesen." (Schäffner 1994, 238–239)

Nach dem Krieg wurde in Westdeutschland die am Länder-Föderalismus orientierte Struktur wieder aufgenommen. Die von den Alliierten initiierten Sendeanstalten wurden zu Anstalten des öffentlichen Rechts, wobei die Besatzungsmächte einen großen Einfluss darauf hatten, dass die Rundfunkgesetze den Landesregierungen keine dominierende Rolle zukommen ließen.

Erst 1981 schuf das Bundesverfassungsgericht mit seinem dritten Rundfunkurteil die Basis für den privaten Rundfunk. 1984 (Niedersachsen) bis 1989 (Bremen) wurden Landesrundfunk- bzw. Landesmediengesetze verabschiedet, die neben den öffentlichen auch private Radio- und Fernsehstationen zuließen. Heute existiert für jedes Bundesland eine Kontrollbehörde (Landesmedienanstalt). Sie verleiht privaten Antragstellern die Konzessionen und teilt ihnen Sendefrequenzen zu. Sie unterstützt sie aber auch, indem sie Ausbildungsangebote bereitstellt, die technische Infrastruktur fördert und Medienforschung initiiert. Überdies haben Landesmedienanstalten Beschwerdestellen eingerichtet und in den meisten Fällen auch für offene Kanäle gesorgt, die es den BürgerInnen ermöglichen sollen, das Instrument Hörfunk aktiv zu nutzen.

Die Entwicklung vom öffentlichen Rundfunk zum dualen System gilt auch für Großbritannien. Die *BBC* hatte von 1922 bis 1973 für den Hörfunk ein Monopol (während privates Fernsehen schon seit 1955 zugelassen war). Seit den 1960er Jahren bekam die *BBC* Konkurrenz durch Piratensender, die sich mit einem popmusikorientierten Programm an ein jugendliches Publikum wandten. Sie hießen *Radio Caroline* oder *Radio London* und waren auf hoher See stationiert. Mit dem *Marine Broadcasting Offences Bill* vom 30. Juni 1967 wurden Piratensender verboten und ihre Helfer auf dem Festland mit Gefängnis bedroht. 1968 waren die auf England gerichteten Piratensender verschwunden. Die *BBC* hatte schon mit Konkurrenzangeboten reagiert: Der Popsender *Radio One* sendet seit Herbst 1967; zwanzig Lokalradios entstanden unter der Regie der *BBC*. Private Radios auf lokaler Ebene wurden mit einem Gesetz von 1972 zugelassen (Albert/Tudesq 1981:1995, 107–108).

In der Schweiz hatte die *Schweizerische Radio- und Fernsehgesellschaft (SRG)* bis 1983 ein Monopol für Hörfunk und Fernsehen. Konkurrenz erwuchs ihr aus den Sendern der umliegenden Länder, ab 1979 auch durch ein in Italien stationiertes Radio *(Radio 24)*, das mit seinem an US-Vorbildern angelehnten Programm in die Agglomeration Zürich einstrahlte. Die *SRG* reagierte mit Konkurrenzangeboten, die Politik mit einer *Rundfunkversuchsordnung*. Sie liess ab 1983 private Radios auf lokaler Ebene zu – gleichzeitig mit der Bewilligung einer neuen, dritten Senderkette für die öffentlichen Programme.

2.2.4. Die allmähliche Stärkung des öffentlichen Rundfunks in den USA

Während in Europa die Entwicklung des Rundfunks weitherum von der Angst geprägt war, der Staat könnte die Kontrolle über das neue Medium verlieren, stand in den USA die Diskussion unter dem Zeichen der freien Meinungsäußerung. Allerdings war auch hier am Anfang die Bemühung, den Funk unter der Kontrolle staatlicher Institutionen zu behalten. Ein Interessenskonflikt zwischen der Navy und den ihren Funkverkehr störenden Amateur-Stationen führte 1912 zum *Radio Act,* der festlegte, dass ein Radiosender nur mit einer Lizenz betrieben werden konnte (Head/Sterling 1990, 36).

Typen der Entwicklung zum dualen System

1917, beim Kriegseintritt der USA, wurden diese Stationen eingestellt, und auch nach dem Krieg gab es Versuche, ein regierungsgesteuertes Network zu ermöglichen (Engelman 1996, 14–16).

Die richtungweisende Debatte im Kongress 1919 wurde aber im Bewusstsein geführt, dass es amerikanischen Idealen widersprach, wenn die Verbreitung von Nachrichten an eine breite Bevölkerung von der Regierung kontrolliert wurde (Turow 1992, 63). Als durchaus förderungswürdig galt dagegen die Idee, den Hörfunk in die Hände einiger weniger großer Unternehmen zu geben. „Government and industry join hands," überschreiben die Autoren einer US-Mediengeschichte das entsprechende Kapitel (Folkerts/Teeter 1989, 390).

Seit den 1920er Jahren dominieren drei große Networks die Hörfunkprogramme: Da war zunächst die *NBC (National Broadcasting Company)*, gegründet 1926 von *General Electric, Westinghouse* und *RCA*. Aufgrund der Anti-Trust-Gesetzgebung musste sie 1943 eines ihrer Netze abgeben, das als *ABC (Amercian Broadcasting Company)* weiter existierte und im Film-Konzern *Paramount* aufging. *CBS (Columbia Broadcasting System)* wurde als zweites Network 1927 gegründet.

Lange Zeit konnte das Radio in den USA gesamthaft als privat und kommerziell umschrieben werden. Wirtschaftliche Interessen hatten es in den 1920er und 1930er Jahren verhindert, dass einzelne Mittelwellenfrequenzen für nichtkommerzielle Sender freigehalten würden. Ab 1940 waren fünf, ab 1945 zwanzig UKW-Kanäle für nichtkommerzielle edukative Sender reserviert. Allerdings war das in einer Zeit, in der weder das Publikum noch die Industrie an diesen Frequenzen interessiert war, für die der Kauf neuer Empfangsgeräte notwendig wurde. Erst 1976 (mit dem *Public Broadcasting Act*) wurde es möglich, die *Corporation for Public Broadcasting (CPB)* zu gründen. Sie verfügt über staatliche Gelder und unterhält zwei Networks mit insgesamt über 800 Radio- und Fernsehstationen: *NPR (National Public Radio)* und *PBS (Public Broadcasting System)* (Engelman 1996).

3. Akteure

Hörfunk wird bevorzugt aus der Perspektive der Kommunikatoren beschrieben. Eine Nachrichtensendung z.B. wird als Ergebnis einer Selektion durch Redakteure verstanden. Dass sie sich dabei auf zugeliefertes Material stützen, wird leicht vergessen. Dennoch käme die Sendung ohne Pressekonferenzen, Communiqués und andere aktive Beiträge der Akteure nicht zustande. Sie ist also das Ergebnis einer Zusammenarbeit zwischen Akteur und Kommunikator, die auf allen Ebenen der Hörfunkkommunikation spielt mit ihren durchlässigen Grenzen zwischen Kommunikator, Akteur und Rezipient. Dazu gehören die Schwierigkeiten mit der gegenseitigen Abhängigkeit, die die Radiojournalisten in ihrer alltäglichen Arbeit plagen, ebenso wie die vom Gesetzgeber eingeplanten Kontrollfunktionen. In Deutschland z.B. ist jeweils eines der leitenden Organe, der Rundfunkrat, aus Mitgliedern gesellschaftlich einflussreicher Interessengruppen zusammengesetzt. Im Rundfunkrat des *Südwestdeutschen Rundunks (SWR)* z.B. sind das unter anderem Vertreter der Landtage, der Landesregierung, der großen religiösen Gemeinschaften, der Arbeitgeberverbände, der Gewerkschaften, der Erzieherverbände, der Sportverbände, der Landesfrauenbeiräte, der Behindertenorganisationen.

Wenn es um die Beziehungen zwischen Akteur und Kommunikator geht, übernimmt die Kommunikationswissenschaft sehr oft die journalistische Perspektive. Sie interessiert sich für die Funktion, die die Akteure für das Medium haben. Aber ebenso wichtig ist die Frage, welche Bedeutung das Medium für die Akteure hat. Dieses Kapitel soll in diesem Sinne die Zusammenarbeit zwischen Kommunikator und Akteur darstellen.

3.1. Aktivitäten der Akteure

Als Akteure bezeichnen wir Einzelpersonen, Gruppen, Organisationen, die mit ihren Handlungen und Botschaften Gegenstand der Radiokommunikation werden können. Für den einzelnen Akteur ist das Radio ein Medium, das dann aktiv wird, wenn er in ein nachrichtenwürdiges Ereignis verwickelt ist. Es ist aber auch ein Instrument, das er zu aktivieren versucht, wenn er an die Öffentlichkeit gelangen will. Es ist schließlich ein Medium, das die Botschaften des Akteurs (seien es Statements oder Musikproduktionen) übernimmt, falls sie attraktiv aufbereitet sind und mit Rücksicht auf die Suchkritierien der Kommunikatoren und Bedürfnisse der Rezipienten angeboten werden.

Der Akteur kann also seine Form der Mitarbeit unterschiedlich aktiv gestalten. Er kann sich damit begnügen, zufällig zum Objekt der Darstellung zu werden, oder er kann Pressekonferenzen und andere nachrichtenwürdige Ereignisse selbst organisieren. Er kann sogar, wenn er das Geld dazu hat, Rundfunkbeiträge über seine Aktivitäten produzieren lassen.

Allerdings müssen verschiedene Typen von Akteuren unterschieden werden. Was für die PR-Abteilung eines Großunternehmens selbstverständlich ist – z. B. der regelmäßige Kontakt zu den Redaktionen seines Standorts –, kann für die Bürgerinitiative schwierig und für den einzelnen Bürger unrealistisch sein. Akteure unterscheiden sich also nicht nur durch die Ereignisbereiche (wirtschaftlich, politisch, kulturell) und Inszenierungsgründe (selbst inszeniert, selbst verschuldet, durch höhere Gewalt ausgelöst usw.), sondern auch durch die verschiedenen Arten ihrer Beteiligung (als Verantwortlicher bzw. Initiator eines Ereignisses oder als Betroffener, als Beobachter usw.), ihres Einflusses (von der Behörde mit eigener Pressestelle und etabliertem Anspruch auf Berichterstattung bis zum kleinen Bürger ohne Lobby) und damit auch ihrer Professionalität (als bewusst PR-treibender oder als passiv reagierender ‚Betroffener'). In bezug auf die *Medienkompetenz* der Akteure wird deshalb oft explizit zwischen Profis und Laien unterschieden (Burger 1996).

Wer nicht Entscheidungsträger ist, kommt in den Überlegungen zum Hörfunk oft in einer passiven Rolle vor. Nach unserer Vorstellung ist ja auch etwa das Kind, das bei der Eröffnung eines Spielplatzes dabei ist, oder gar das Opfer eines Verkehrsunfalls ebenso Akteur wie die Unternehmerin oder der Politiker. Wichtig ist aber, dass wir nicht BürgerInnen, die Frau auf der Straße, alle, die keine Repräsentanten von Institutionen oder Organisationen sind, auf die Rolle des Rezipienten festlegen. Potenzielle Akteure sind sie alle, auch wenn sich der Grad ihrer Zusammenarbeit mit dem Kommunikator und der gegenseitigen Abhängigkeit unterscheidet.

Als Akteure haben die ‚Laien' die schlechteren Karten. Professionelle *Public Relations* gibt es für sie erst, wenn ihr Fall typisch genug ist, dass sich für sie Organisationen bilden (Gewerkschaften, Vereinigungen für Opfer von Gewaltverbrechen usw.). Das Ungleichgewicht in der Medienkompetenz Verantwortlicher und Betroffener wird ansatzweise im Ethos der Kommunikatoren gemildert. Im Hörfunkalltag scheint im Umgang recht intuitiv zwischen *Verantwortlichen* und *Betroffenen* unterschieden zu werden. Wer zum Beispiel Interviews führt, wird den Gesprächsstil verändern, je nach dem, ob er im Gesprächspartner die Hauptfigur eines Ereignisses sieht oder nur eine der vielen, die von ihren Entscheidungen betroffen sind. (Eine Sonderstellung nimmt eine weitere Gruppe, diejenige der *Beobachter* und *Experten* ein, Hilfsfiguren, die den Kommunikator in seiner Rolle als Darsteller unterstützen. Vgl. Häusermann/Käppeli 1986:1994, 237–240.) Allgemein ist die wichtigste Konsequenz aus dem Ungleichgewicht ein kritisches, initiatives journalistisches Vorgehen. Es sorgt dafür, dass die Wirklichkeitskonstruktion des Mediums nicht auf die Sichtweise der ohnehin privilegierten Akteure beschränkt wird. Zwei Dinge gehören dazu: Recherchierjournalismus, der sich nicht mit den von den Akteuren zur Verfügung gestellten Informationen begnügt, und anwaltschaftlicher Journalismus, der die Zugangsdefizite der von der Macht Ausgeschlossenen zu kompensieren versucht.

3.2. Politische Akteure

Der erste Sender, der als Anbieter regelmäßiger Radioprogramme gilt, *KDKA* in Pittsburgh, legte den Beginn seiner Programme im Jahre 1920 auf die Präsidentschaftswahlen. Am Tag der ersten regulären Sendung sorgte eine Telefonverbindung von einer Zeitung zum Sender dafür, dass die Resultate, die den Redaktionen telegraphisch vermittelt wurden, im Radio durchgegeben werden konnten. Um Mitternacht erfuhren die Hörer brandaktuell, dass Warren Harding 28. Präsident der Vereinigten Staaten geworden war (Wood 1992, 13).

Der Sender ermöglichte also aktuelle Information für den Bürger aus dem Bereich, der für ihn Zentrum der Macht war. Er ermöglichte ein schnelleres Feedback über die Wahlen, als es die bisherigen politischen Informationsorgane tun konnten. Wichtiges Werbeargument für das Radio war also, dass dieses neue Medium zwischen dem politischen Akteur und dem Bürger vermitteln konnte. Betont wurde damit nicht nur die Beziehung *Kommunikator-Rezipient,* sondern ebenso die Beziehung *Kommunikator-Akteur.* Es war ein Medium entstanden, das zur Erfüllung der Aufgabe, politische Kommunikation zu unterstützen, Neues beitragen konnte.

3.2.1. Hörfunk im Staat: Arten der Abhängigkeit

Die politische und rechtliche Organisationsform in einem Staat schafft unterschiedliche Bedingungen für das System der publizistischen Medien. Zwar gleichen sich diese mittlerweile weltweit stark an; dennoch lassen sich (mit Kleinsteuber 1994) „idealtypisch" v. a. durch den Anteil und die Art der staatlichen Kontrolle drei Typen von Mediensystemen unterscheiden.

Im „westlich-liberalen Typ" dominiert die Dualität von öffentlichem und privatem Rundfunk. Im „östlich-realsozialistischen Typ" wird Rundfunk in einem Staatsmonopol produziert. Hinzu kommt der „Dritte-Welt-Typ", der die Problematik einer so groben Typisierung besonders deutlich werden lässt. Obwohl in vielen Staaten, die damit gemeint sind, eine regierungsabhängige

Rundfunkorganisation ein Monopol hat, gilt als entscheidendes Merkmal in der Beschreibung durch „westlich-liberale" Autoren eher die starke Abhängigkeit von der ehemaligen Kolonialherrschaft bzw. generell von den Industriestaaten (Kleinsteuber 1994, 548). Was dies aber konkret bedeutet, ist von Land zu Land verschieden. Und obwohl einzelne Beispiele naheliegen, zu generalisieren, sind Pauschalurteile mit Vorsicht zu genießen, die etwa behaupten, dass das Radio, „besonders in den schwarzafrikanischen Staaten", seine wichtige Rolle daraus beziehe, dass es sich in einem politischen System befinde, in dem „Personalisierung der Macht, Streitkräfte, Einheitspartei und Rundfunk" kombiniert seien (Albert/Tudesq1981:1995, 113).

Eine nähere Betrachtung zeigt z. B., dass auch im Einparteienstaat moderne, von der vom Gedanken der Pressefreiheit bestimmte journalistische Grundsätze eine Rolle spielen können – zum Beispiel so, dass trotz starker Steuerung der Information durch die Regierung die maßgebende Journalistenschule Ideale der Pressefreiheit vermittelt, nach denen sich deren Absolventen später in den Funkhäusern auch nach Möglichkeit orientieren (Häusermann 1983).

Es ist auch nur eine behelfsmäßige Konstruktion, wenn man versucht, Mediensysteme anhand von politischen Grenzen zu definieren.

Die Situation des Hörfunks gerade in einem Entwicklungsland kann durch die Einstrahlung ausländischer Sender verändert werden. So ist es möglich, dass ein Staat sich zwar mit seinen eigenen Sendern um einen edukativen und aus Sicht der Regierung politisch verlässlichen Rundfunk bemüht, die Bevölkerung sich aber stark auf internationale Kommerzsender ausrichtet. Zum Beispiel hat in Kamerun, Gabun, Kongo, Elfenbeinküste und Senegal der Privatsender *Africa No. 1* starke Resonanz, ein werbefinanzierter Sender, der 1981 mit französischem und gabunesischem Kapital in Moyabi, Gabun, aufgebaut wurde (Albert/Tudesq 1981:1995, 113). Und ein „Mediensystem der Schweiz" könnte nur erfasst werden, wenn man berücksichtigte, dass in dem Land Dutzende ausländischer UKW- und Fernsehprogramme in den eigenen Landessprachen zu empfangen sind. Die Hörfunkrealität der Schweiz kann nicht annähernd erfasst werden, ohne dass die einstrahlenden deutschen, österreichischen, französischen und italienischen Sender einbezogen werden. Man kommt also nicht umhin zu fragen, wie *SWF 3* als Teil des helvetischen Mediensystems zu behandeln sei.

Dennoch hängt die Beziehung zwischen den Kommunikatoren und der politischen Macht in jedem Land zunächst von seiner politischen Struktur und seinen Gesetzen ab. Wir werden im folgenden das Radio zwar generell als Medium der politischen Macht *und* der Partizipation des Bürgers darstellen. Wie sich dies aber ausprägt, kann sich von Land zu Land drastisch unterscheiden.

3.2.2. Ein Medium politischer Macht und Partizipation

Die Mitteilung im Radio, dass eine Regierung durch eine neue ersetzt worden sei, kann eine militärische Entscheidung bringen, auch wenn die tatsächliche Lage noch instabil ist (Albert/Tudesq 1981:1995, 112). Dass das Radio dazu dienen kann, politische Macht durchzusetzen, zeigt sich u. a. in seiner klassischen Rolle bei Staatsstreichen und Revolutionen: Noch im Februar 1979 wurde in Teheran erbittert um die Radiostation gekämpft (Albert/Tudesq 1981:1991, 115). Regierungen diktatorischer Staaten bemühen sich oft um eine strenge Kontrolle des (staatlichen) Radios, während sie einzelnen kleineren Zeitungen eine gewisse Freiheit lassen.

Weil sich das Radio dazu eignet, in Kürze auf aktuelle Ereignisse zu reagieren, stand es von Anfang an unter besonderer Kontrolle der politischen Macht und wurde, wie wir bereits gesehen haben, auch sofort zum wichtigen Instrument politischer Propaganda. Der Sender *Radio Mille Collines* in Ruanda wurde berüchtigt, weil er direkt zu Massakern an der Bevölkerungsgruppe der Hutu aufrief. Auch Anordnungen der politischen Bürokratie (z. B. Ernennungen und Versetzungen von Beamten) lassen sich bei Bedarf durch den Staatsrundfunk durchgeben. Hörfunksender werden noch heute vorgesehen, um zur Kriegsmobilmachung aufzurufen. Im Krisenjahr 1929 übernahm z. B. der deutsche Rundfunk die Aufgabe, Notverordnungen der Regierung zu verkünden. Allerdings zeigen Berichte aus neuester Zeit, dass die Bedeutung des Fernsehens bei solchen Ereignissen größer ist. (Für Rumänien etwa zeigen das die Beiträge in Weibel 1990.)

Heute haben in der Bundesrepublik die politischen Parteien im Vorfeld von Wahlen die Möglichkeit, mit Radio- und Fernsehspots für sich zu werben. Das heisst, dass ein Teil der Programmzeit direkt den politischen Akteuren zur Nutzung übergeben wird. Die Wirksamkeit dieser Maßnahme wird aber stark angezweifelt. Auf größeres Interesse bei den WählerInnen stoßen die Diskussionssendungen, die von den Redaktionen selbst gestaltet werden. Aber auch hier steht der Stellenwert des Fernsehens im Mittelpunkt der Auseinandersetzungen – etwa wenn darüber gestritten wird, welche Parteien berücksichtigt werden (Hesse 1994). Zumindest auf der Ebene von Bund und Ländern scheint der Hörfunk tendenziell aus der Schusslinie zu geraten. Im lokalen und regionalen Bereich dagegen ist es anders. Da ist mit dem privaten Hörfunk eine Möglichkeit entstanden, sich außerhalb der Presse öffentlich zu äußern, und die Vertreter „lokaler Eliten" messen dem Lokalradio (etwa in der Befragung von Jarren et al. 1993) große Bedeutung zu.

Im Deutschland der Nazizeit wurde das Radio auf nationaler Ebene von den politischen Machthabern als wichtiges Propagandainstrument genutzt. In der DDR wurde das Radio als Staatsrundfunk gegründet, auch wenn es zunächst „eine Reihe von basisdemokratischen Maßnahmen und Sendungen" gab, „die den Hörern signalisierten, dass man sie und ihre Probleme ernst nahm" (Mühl-Benninghaus 1997, 377–378).

In der Bundesrepublik Deutschland wurde die Unabhängigkeit des Rundfunks vom Staat zwar verfassungsmäßig festgelegt. Dennoch war auch für einzelne Bundespolitiker das Radio nach dem Zweiten Weltkrieg noch ein wichtiges Instrument der politischen Beeinflussung, dessen Freiheiten sie argwöhnisch beäugten. 1950 konnte es noch passieren, dass der Bundeskanzler einen Radio-Kommentar aus dem Studio Bonn des *Nordwestdeutschen Rundfunks* (am 21.3.1950) zum Anlass nahm, in einem Brief an den *NWDR*-Generaldirektor eine Entschuldigung des Verfassers zu verlangen – mit der Drohung: „Andernfalls würde eine weitere Zusammenarbeit zwischen meinem Presse- und Informationsamt und Herrn Steigner kaum mehr möglich sein." Die Entschuldigung erfolgte nicht, aber auf Druck des Vorsitzenden des Verwaltungsrates wurde ein zweiter Kommentator, der der CDU nahestand, ins Studio Bonn geschickt (Steinmetz 1991). Weitere Beispiele könnten zeigen, als wie wenig selbstverständlich in der Anfangszeit der Bundesrepublik das Recht des öffentlich-rechtlichen Mediums zur Meinungsäußerung galt und wie wichtig damals der Hörfunk von den politischen Akteuren genommen wurde. Auch die Tatsache, dass politische Parteien Sendezeit zugestanden bekamen, in der sie frei agieren konnten, unterstützt diese Bedeutung. 1950 wurde im *NWDR* unter dem Titel *Die Parteien haben das Wort* eine Sendung geschaffen, in der die Parteien jeden Dienstag und Donnerstag um 19 Uhr zehn Minuten lang die Gelegenheit zur Selbstdarstellung hatten.

In demokratisch verfassten Staaten sieht man die Aufgabe wenigstens des öffentlichen Radios darin, der Pluralität der Gesellschaft Rechnung zu tragen. Dies bedeutet nicht nur, dass wichtige gesellschaftliche Kräfte in den Kontrollorganen beteiligt sein müssen (wie in Deutschland), sondern auch dass Möglichkeiten gesucht werden, der Bevölkerung einen möglichst leichten Zugang zur öffentlichen Kommunikation zu gewähren (Rowland/Tracey 1989). Experimente mit offenen Kanälen (oder auch entsprechende gesetzliche Vorgaben, wie sie Nordrhein-Westfalen kennt) weisen in diese Richtung.

Weil sich Radio anders als andere Medien (z.B. die Zeitung) mit sehr wenig Mitteln produzieren lässt und weil einfache Radio-Beiträge auch ohne Spezialkenntnisse herzustellen sind, eignet sich der Hörfunk besser als die schriftlichen Medien dazu, dass Rezipienten Kommunikatorfunktionen übernehmen: Bürgerinnen und Bürger können am Mikrofon oder auch über das Telefon gesprochene Voten abgeben.

Mitunter wird das Radio auch als Medium dargestellt, das stärker als andere auf direkten Austausch mit seinen Rezipienten angewiesen ist. Crisell (1986) ist der Meinung, dass das Radio gerade deshalb auf Feedbackmöglichkeiten angewiesen sei, weil es seine Botschaften nicht auch über den visuellen Kanal sichert. Damit wäre ein Grund für die besonders intensiven Bemühungen um einen aktiven Hörer auch in der Angst der Radiomacher vor dem Versickern ihrer Botschaften zu suchen. Auf jeden Fall sind es gerade Radiostationen, die die Rückkopplung mit ihrem Publikum suchen, indem sie Clubs für Hörerinnen und Hörer gründen. Den Mitgliedern werden spezielle Vergünstigungen, Merchandising-Produkte und Begegnungen mit Radio-Stars geboten. Diese Form von Feedback bewegt sich also weniger auf der Ebene der politischen Information als der kulturellen Angebote und der kommerziellen Nebenangebote.

Diese Clubs bestehen oft parallel zu den demokratisch verfassten Trägerschaften, deren Mitglieder ein Mitspracherecht als Aufsichtsorgane und nicht nur als KonsumentInnen haben. In der deutschsprachigen Schweiz besteht z. B. die Möglichkeit, einer die *SRG* tragenden Regionalgesellschaft beizutreten und sich an Abstimmungen über Personal- und Strukturfragen zu beteiligen. Parallel dazu kann man sich auch bei Radio *DRS 2* als Clubmitglied einschreiben und entsprechende Gratifikationen beziehen (wobei die Zahl der Clubmitglieder wiederum als medienpolitisches Argument benutzt wird, etwa um die Streichung von Geldern für *DRS 2* zu verhindern). Der einzelne Rezipient hat damit die Wahl, ob er als Bürger im Radio ein politisches Instrument sieht oder ob er als Konsument das Radio als Produzent attraktiver Produkte nutzt – oder beides.

3.3. Wirtschaftliche Akteure

Das Radio steht auch zur Wirtschaft zunächst in einer *Kommunikator-Akteur-Beziehung:* Wirtschaftliche Einheiten werden als Handelnde oder Betroffene von Ereignissen dargestellt. Schon mit dieser Rolle des Informationsbeschaffers und -verarbeiters geht der Kommunikator mit ihnen Beziehungen gegenseitiger Abhängigkeit ein.

Ursprünglich ist das Radio mit der rundfunktechnischen Industrie verwoben, weil sie ihm das Herstellen und Senden seiner Botschaften ermöglicht. Sehr oft ist dies nicht nur eine *Lieferanten-Kunden-Beziehung,* sondern das Verhältnis ist verstärkt durch die Eigentumsverhältnisse: Das Radiounternehmen gehört ganz oder teilweise dem technischen Unternehmen, ist eventuell sogar von diesem gegründet worden. Die Geschichte von *KDKA* in Pittsburgh ist auch Teil der Geschichte des Elektrik-Konzerns *Westinghouse*, der nach dem Zweiten Weltkrieg auf die private Nutzung der Funktechnik setzte. Die Gründungsgeschichte des Radios in Deutschland ist eng verwoben mit Firmen wie *Telefunken, Lorenz, Huth*. Aber auch heute ist die Erprobung neuer technischer Entwicklungen (digitales Radio) eine Sache enger Zusammenarbeit von öffentlichen Anstalten und privaten Unternehmen.

Schließlich hat das Radio für die Wirtschaft eine Funktion als Werbeträger. Das heißt: Der Kommunikator verkauft Programmzeit, in der der Akteur in eigener Regie Botschaften über sich selbst verbreiten kann.

Wirtschaftliche Akteure

Die Bedeutung des Radios im Vergleich zu anderen Werbeträgern schwankt von Land zu Land. In den USA hat der Hörfunk am gesamten ‚Werbekuchen' einen Marktanteil von 11,5 %, in Spanien 9,5 %, in Frankreich 7,7 %. In Deutschland dagegen waren es 1996 nur gerade 3,5 % im Gegensatz zu den 17 % des Fernsehens (für 1995 laut ZAW). Allerdings wird das Bild dadurch beeinflusst, dass damit öffentlich-rechtliche und private Radios zusammen erfasst sind. Die Privaten hatten 1996 beträchtlich höhere Werbeeinnahmen als die Öffentlichrechtlichen (787,9 gegenüber 398,7 Mio DM). Zudem steigerten sie ihren Umsatz von 1995 auf 1996 um 7,4 %, während die *ARD* 7 % ihres Umsatzes einbüßte (Medien 1997/98).

Bei der Werbung zeigt sich die Verzahnung von Kommunikatoren und Akteuren besonders deutlich. Größere Unternehmen haben ihre Tochterfirmen, die Werbung produzieren und plazieren, kleinere Radiostationen bieten auch an, Spots in ihrem eigenen Studio zu produzieren. Damit vermischen sich redaktionelle und kommerzielle Chargen, was das journalistische Selbstverständnis einer Radiostation tangiert. Wer dies vermeidet, erzielt allerdings nur auf einer Ebene eine saubere Trennung zwischen Werbung und eigener Botschaft. Eine vollständige Trennung ist nicht zu erreichen (vgl. hierzu Kapitel 5.3.8).

Werbung im Radio hat den Vorteil, dass sie den Konsumenten zu ganz anderen Tageszeiten erreicht als die Fernsehwerbung, nämlich von frühmorgens bis in den Vorabend. Zudem ist (in Deutschland) die tägliche Werbezeit nicht begrenzt. Die rein akustische Natur der Hörfunkbotschaft wird aber in diesem Zusammenhang oft als Nachteil empfunden.

Im Vergleich zum Fernsehen gilt der Hörfunk in Deutschland deshalb als weniger attraktives Werbemedium. „Für emotionale Appelle gilt der Hörfunk nur als Zusatzmedium", meint etwa Weis (1977:1995, 387). Er weist darauf hin, dass Werbespots im Radio oft nur „flüchtig, unvollständig und oberflächlich" wahrgenommen werden. „Daher sollte man möglichst klare, unkomplizierte und rationale Werbebotschaften senden." (Weis 1977:1995, 387) Vermarkter von Radiowerbung versuchen, über ihre Auftragsforschung dennoch eine Werbewirkung des Hörfunks zu belegen. So bemüht sich Wild (1997) nachzuweisen, dass Werbung im Hörfunk gleiche Wirkungsbeiträge erzielt wie Werbung im Fernsehen. Er zeigt, dass in Werbekampagnen der Einbezug des Hörfunks einen Wirkungszuwachs bringt. Dies lässt sich u. a. damit erklären, dass sich die Konsumentengruppe, die das Radio „zusätzlich und exklusiv" erreicht, von der Gesamtbevölkerung abhebt: „Es sind häufiger Männer, sie sind besser gebildet und insgesamt mobiler – im deutlichen Gegensatz zu den exklusiv über Fernsehen Erreichten" (Wild 1997, 544). Nicht wegdiskutieren lässt sich damit der Begleitcharakter der als Werbeträger in Frage kommenden Radioprogramme. Während das Fernsehen seinen ZuschauerInnen körperliche Zuwendung abverlangt, besteht ja gerade eine Spezifik des Radios in seinem Begleitcharakter. Paradoxerweise wären die wenigen verbliebenen Einschaltprogramme für die

Werbung am ergiebigsten, weil sie noch mit einem konzentrierteren Zuhörverhalten rechnen können. Da sie aber geringe Reichweiten aufweisen, sind sie dennoch als Werbeträger nicht interessant (bzw. verzichten als Kulturprogramme aus eigenen Stücken auf Werbung). Werbespots bilden nicht die einzige Art der Werbung. Eine andere Form der Beteiligung von wirtschaftlichen Akteuren am Programm ist das Sponsoring (also die Nennung eines Geldgebers bei der Präsentation einer Sendung). Dieses ist auch in öffentlichen Rundfunkanstalten Praxis, wobei aber deren Finanzierungsbeitrag „gemessen an den Gesamtkosten, eher marginal ist" (Kiefer 1997, 203). Mittlerweile wird auch „die redaktionelle Kooperation des Sponsors mit der Senderredaktion" als Sponsoring verstanden (nämlich bei Rota 1994, 151), also eine Form, mit der die Redaktion ihre journalistische Verantwortung weitgehend abgibt. Auf solche und andere Formen der Zusammenarbeit und auf vollständig fremdproduzierte PR-Beiträge geht Kapitel 5 ein.

3.4. Kulturelle Akteure

Auch die Beziehung zwischen Radio und Kunst ist eine *Kommunikator-Akteur-Beziehung:* Künstlerische Darbietungen sind wie in anderen journalistischen Medien zunächst Gegenstand der Darstellung und der Kritik. Aber künstlerische Akteure bestreiten auch wichtige Programmteile in großer Unabhängigkeit und Selbstverständlichkeit.

Während anderen Aussenstehenden normalerweise nur gegen Bezahlung Programmzeit abgetreten wird, werden Akteure des Kunstbereichs als Gestalter und Mitgestalter von Sendungen herangezogen. Die Formen, die diese ‚Zusammenarbeit' annehmen kann, gehen von der Herstellung eines Hörspiels durch frei mitarbeitende Schriftsteller und Schauspieler im Rahmen der Kommunikatororganisation bis zum Abspielen von CDs, also gänzlich fremdproduzierter und zugelieferter Programmteile (womit auch wieder die Beziehung zur Schallplattenindustrie angesprochen ist).

Der Hörfunk ist aber nicht nur Empfänger und Verbreiter von Produkten aus der Kunstszene und der Musikindustrie. Er betätigt sich (v. a. der öffentliche Hörfunk, der sich als *Service public* versteht) auch aktiv als Förderer gewisser Bereiche der Musik- und Kulturproduktion. Radiosender sehen es oft als ihre Aufgabe an, defizitäre Kulturbereiche zu unterstützen. Dies kann dadurch geschehen, dass sie eigene Orchester unterhalten, oder dass sie Wettbewerbe und andere öffentliche Veranstaltungen organisieren, um Kunstsparten, die sonst weniger Aufmerksamkeit erhielten, zu unterstützen. Damit überschreitet das Radio selbst wieder die Grenze zum Akteur, zum Produzenten künstlerischer Ereignisse, die es dann als Kommunikator wieder in sein Programm aufnimmt und dem Rezipienten auch explizit als eigene Produkte präsentiert. Das Sponsoring von Konzerten namhafter Künstler und Bands durch einen Radiosender geschieht allerdings oft bereits wieder weniger aus erzieherischen Gründen, sondern ist gegenseitige wirtschaftliche Hilfestellung. Der Sender braucht sich nicht an der Produktion zu beteiligen, kommt aber dennoch zu Gratisnennungen, z. B. in der Plakatwerbung, der Veranstalter ist im Radioprogramm präsent.

3.4.1. Radio und Musikproduktion

Im Printmedium ist Musik Gegenstand der Berichterstattung und der Kritik. Der Hörfunk dagegen wird auch zum Ort ihrer Aufführung, ohne dass die Informations- und Kritikfunktionen wegfallen würden. Die MusikerInnen bleiben damit zwar Akteure, die Grenze zwischen Akteur und Kommunikator wird aber auf andere Art relativiert als bei politischen oder sozialen Inhalten. Wenn Musik als Programmbestandteil eingesetzt wird, beschränkt sich die aktive Handlung des Kommunikators auf die Auswahl und Präsentation der Musik (die dann auch als Programmfarbe wichtige, profilbildende Eigenleistung des Senders ist). Gesendet wird sie aber klar als Fremdproduktion. Damit ist die Eigenleistung des Radios (im Vergleich zu Informationssendungen) geringer als in der Beziehung zu anderen Akteuren. Und weil die Musik ein reproduzierbares Programmelement ist, entsteht mit dieser Art des Auftritts (im Gegensatz zur einmaligen Verwendung eines Politikerstatements) ein Werbeeffekt, nicht nur für den Interpreten, sondern vor allem auch für den gerade verwendeten Tonträger.

Die Tatsache, dass die Orchester und Solisten, Sängerinnen und Gruppen, die im Radio zu hören sind, nicht nur Repräsentanten der Kultur, sondern auch des wirtschaftlichen Systems sind, tritt im Programm selbst oft in den Hintergrund. Ob in einem Musikprogramm Michael Jackson oder Madonna singt, ist nicht nur eine Sache der Stilrichtung und der weltanschaulichen Botschaft, sondern auch der Medienpräsenz und des Profits der Plattenfirmen.

Mit der Beziehung zwischen Kommunikator und Akteur war es in den Anfangsjahren anders bestellt als heute: Musik als Programmteil des Radios bedeutete in der Frühzeit des Hörfunks die Live-Aufführung im Studio wie auch die Übertragung von Veranstaltungen (seien sie nun vom Medium selbst oder von einer externen Stelle organisiert). Der Hörfunk sah sich als Vermittler von Ereignissen mit erhabener kultureller Bedeutung (Grossmann-Vendrey 1997). Schallplattenwiedergaben galten für die Rundfunkverantwortlichen und teilweise auch für die Hörer als minderwertiger Ersatz von Live-Sendungen.

Obwohl eine „Symbiose zwischen den beiden modernen Medien" in der Luft lag (Stoffels 1997, 712), wurden die „Schallplattenkonzerte" in den ersten Jahren als Werbesendungen empfunden. Dies, obschon 1925 ein erstes Abkommen zwischen der *Reichsrundfunkgesellschaft* und den Musikerverbänden geschlossen wurde (zu den Verbänden gehörte schon damals die *GEMA*, die Genossenschaft zur Verwertung musikalischer Aufführungsrechte). Der Pauschalbetrag zur Abgeltung der Senderechte, der da vereinbart wurde, brachte für die Sendegesellschaften Ausgaben in ähnlicher Höhe wie die festen Gehälter (Halefeldt 1997, 93).

1931 beschloss der deutsche Verband der Schallplattenindustrie, den Rundfunksendern die Ausstrahlung ihrer Platten zu verbieten. Die Sendepolitik hatte sich vermeintlich zu Ungunsten der Industrie verändert. In den ersten Jahren waren die Schallplattenkonzerte an den einzelnen Wochentagen jeweils einer einzelnen Firma gewidmet gewesen, Ende der Zwanziger Jahre kamen die Sender davon ab (Jenke im Druck). Zudem wurden jetzt sehr viel mehr Platten eingesetzt, so dass die Industrie ihren Absatz gefährdet sah. Dieser „Schallplattenkrieg" wurde denn auch in einem Vertrag beendet, der die Schallplattenkonzerte auf 60 Stunden pro Monat einschränkte (Schumacher 1997, 414–419). Die Entwicklung hatte sich also schon abgezeichnet: Der Hörfunk wurde von einem Ort des Live-Auftritts eigener und fremder Orchester zu einem Ort des „Schallplattenkonzerts".

Die Unterstützung des Musikschaffens geht heute zu einem großen Teil über dessen kommerzielle Aufnahmen und damit (für die *ARD*) über zwei Pauschalverträge, einen mit der *GEMA* und einen mit der *GvL*, der *Gesellschaft zur Wahrnehmung von Leistungsschutzrechten*. Zwar bestanden (in der Zählung von Jenke) die Musiksendungen des Rundfunks in Deutschland und in den meisten Ländern Europas bis in die 1960er Jahre hinein zum großen Teil aus Eigenproduktionen. Der deutsche Rundfunk war größter Musikproduzent Europas. Mittlerweile ist aber die Zahl der Rundfunkorchester, einer Institution, die in den Nachkriegsjahren die Programme der deutschen Anstalten prägte, auf vier Sinfonieorchester und drei Big Bands geschrumpft (Jenke im Druck). Wenn CDs gespielt werden, ist es die internationale Schallplattenindustrie, die die Kosten für Musiker, Produzenten, Techniker und die notwendige Administration trägt.

3.4.2. Radio und Bildungssystem

Als wichtiges Bildungsinstrument wurde das Radio schon in den 1920er Jahren gesehen:

> Schulfunk, eine Form der modernen Pädagogik, die aus den volkserzieherischen Absichten des Rundfunks erwächst. Sein Ziel ist, dem Lehrer aller Schulgattungen ein Lehrmittel an die Hand zu geben, das imstande ist, Vergangenheit in eindringlicher Form lebendig werden zu lassen, Gegenwart unmittelbar an die Schule heranzubringen und dadurch dem Staatsgedanken und der Volksgemeinschaft zu dienen. [...] Fast alle deutschen Sender führen den Schulfunk im Programm; im Ausland kennt man ihn noch kaum. (Der grosse Brockhaus; Band 17, Leipzig 1934, 43)

Noch in den 1960er Jahren wurden – mittlerweile nicht mehr nur in Deutschland – nach klassischem Vorbild Schulfunksendungen produziert. Die klassische Rezeptionssituation sah zum Beispiel so aus: Im Programm ist eine kunsthistorische Sendung angekündigt worden. Ein Gemälde soll besprochen werden. Der Lehrer hat deshalb rechtzeitig eine Reproduktion beschafft. Er bringt einen Radioempfänger ins Klassenzimmer. Und nun hört er zusammen mit seiner Schulklasse die Sendung, um sie anschließend zu diskutieren oder mit eigenem Material zu vertiefen. Dabei galt die Hörsituation als pädagogisch besonders reizvoll. Schulfunk sollte den Schülerinnen und Schülern helfen, eine kritische Haltung gegenüber einem nicht vom Lehrer verantworteten Input zu entwickeln (Armbruster/Hertkorn 1979). Wurden die Sendungen auch gerne so genutzt, als ob es sich um eine konfektionierte Unterrichtseinheit handelte, die die Lehrkräfte von der eigenen Vorbereitung entlastete, bekamen sie mit der Verbreitung der Kassetten-Tonbandgeräte neue didaktische Funktionen. Sie ließen sich als Fundgrube für Material verstehen, das der Lehrer in eigene didaktische Strukturen einbaute. Mittlerweile werden aber (z. B. im *Süddeutschen Rundfunk*) in der Rubrik „Schulfunk" attraktive Features produziert, die die große Mehrheit der Nichtschüler im Publikum anzusprechen vermögen.

In industrialisierten und alphabetisierten Ländern ist das Radio als Bildungsinstrument zusammen mit den Voll- und Kulturprogrammen auf dem Rückzug. Aber in vielen Ländern bietet nur das Radio die beiden Vorteile, dass es ohne Schrift auskommt und dass es (im Vergleich zum Fernsehen) dicht verbreitet ist (Kleinsteuber 561).

In vielen Ländern werden besondere Bildungsprogramme für die ländliche Bevölkerung nach partizipativen Modellen gestaltet. *Rural radio* (so die englische Bezeichnung – französisch *radio éducative rurale*) gibt es seit Ende der 1960er Jahre in Afrika und Asien. Im Mittelpunkt stehen oft Diskussionen zwischen Dorfbewohnern unter Leitung eines professionellen Animators. Das Ziel ist es nicht nur, die Hörerinnen und Hörer z. B. über Ernährungsfragen zu informieren, sondern sie auch zur Diskussion und zur Planung eigener Aktivitäten anzuregen. Solche Modelle wurden in Mali, Senegal und anderen afrikanischen Staaten mit mehr oder weniger starker staatlicher und nichtstaatlicher Unterstützung entwickelt (Albert/Tudesq 1981:1995, 113, Bourgault 1995, 92–102, Schmidt 1989, 530–531). Diese Form von *development journalism* wird in seinen Wirkungsmöglichkeiten zwar unterschiedlich beurteilt (z. B. Grossenbacher 1988 skeptisch, Krohn 1995 wohlwollend); sie zeigt aber eine wichtige gesellschaftliche Funktion des mobilen, rein auditiven Mediums Radio: Mit sehr einfachen Mitteln hören die Adressaten von Erfahrungen, die in anderen Regionen gemacht werden, sie lernen von Menschen in ähnlichen Situationen, mit denen sie sonst nie in Kontakt kämen.

Bildungsradio ist auch oft eine besondere Art des Radioempfangs: Es ist kein reines Zuhören mehr, sondern eine Kombination mit interpersonaler Kommunikation. Gruppenrezeption von Sendungen ist „die in der Praxis gebräuchlichste Methode zur Verbreitung bzw. Durchsetzung von Innovationen und damit zur Überwindung traditionaler Attitüden" (Kunczik 1985, 103–104).

3.4.3. Radio und Religion

Die maßgebenden gesellschaftlichen Institutionen erheben den Anspruch, in den öffentlichen Medien selbst als Kommunikatoren aufzutreten. Das Verhältnis wird dann eines der mehr oder weniger reibungsvollen Kooperation mit der Kommunikatororganisation. Besonders vielschichtig wird die Beziehung bei den religiösen Gemeinschaften: In der Bundesrepublik haben die Kirchen nicht nur ihre eigenen Rundfunkbeauftragten und ihre Vertreter in den Rundfunkräten, sondern sie übernehmen auch die Verantwortung für gewisse Sendungen. „Den evangelischen Kirchen, der Katholischen Kirche und den jüdischen Gemeinden sind auf Wunsch angemessene Sendezeiten zur Übertragung religiöser Sendungen einzuräumen," ist eine Formulierung, wie sie in den Staatsverträgen sonst nur noch für politische Parteien für die Zeit von Wahlen enthalten ist.

Dass dies aber nicht die einzig mögliche Regelung ist, zeigt z. B. das Beispiel Japan: Hier hat die konsequente Trennung von Staat und Religion dazu geführt, dass die Beteiligung religiöser Gemeinschaften in den Medien mit großer Zurückhaltung gesehen wird. Die staatliche Radio- und Fernsehgesellschaft NHK bringt nur Sendungen *über* religiöse Inhalte, keine Verkündigungssendungen oder auch nur von den religiösen Gemeinschaften gesponserte Sendungen (Abe 1990).

3.5. Akteure als Kommunikatoren: Hörfunk als Instrument der Öffentlichkeitsarbeit

Der Stellenwert, den Akteure von Wirtschaft, Politik und Behörden dem Radio geben, lässt sich gut aus den Erfahrungen ermitteln, die PR-Berater wiedergeben. In Handbüchern der Öffentlichkeitsarbeit machen sie deutliche Unterschiede in der Art, wie mit den einzelnen Medien zusammenzuarbeiten ist, und im Grad der Kooperation, die man von ihnen erwarten kann. Zudem unterscheiden sie deutlich zwischen der Berichterstattung öffentlich-rechtlicher und privater Sender.

Für Rota (1994) unterscheiden sich Fernsehen und Radio im Produktionsaufwand. Rundfunkredakteure können aufgrund der einfacheren technischen Bedingungen nicht nur „flexibler arbeiten als TV-Journalisten", er hält sie auch für weniger beeinflussbar (Rota 1994, 148). Der lokale Charakter des (privaten) Hörfunks ist für PR besonders interessant, weil er eine starke Hörerbindung entwickelt (Rota 1994, 152).

„Öffentlich-rechtliche Sender sind in ihren Sendungen penibel darauf bedacht, Produkt- und Firmennamen aus Gründen der ‚Schleichwerbung' zu vermeiden.", schreibt Rota (1994, 148) und schildert demgegenüber den privaten Rundfunk direkt als Eldorado für PR-Absichten: „Nirgendwo im Bereich der

Medien ist die Vermischung von klassischer Presse- und Öffentlichkeitsarbeit mit werblichen Zielsetzungen stärker ausgeprägt als bei den privaten Hörfunk- und TV-Sendern" (Rota 1994, 149).

Ob sich die privaten Radios für wirkungsvolle PR auch eignen, wird unterschiedlich eingeschätzt. „Mit dem Boom der privaten Rundfunkstationen bietet sich vielen Unternehmen und Organisationen die Chance, die Öffentlichkeitsarbeit im Radio zu intensivieren", schreibt etwa Nöllke (1997, 13). Sie führt dies zurück auf die „Not vieler lokaler Hörfunkstationen", die mit wenig MitarbeiterInnen aktuelle lokale Informationen aufbereiten müssen. Eine ergiebige Zusammenarbeit zwischen überforderten Privatradios und Gratiszulieferern ergebe sich in erster Linie für Branchen, die auf den Endverbraucher ausgerichtet sind, die also Themen aus den Bereichen Tourismus, Gesundheit, Geld, Ernährung usw. anzubieten haben.

Für „Grauzonen der Öffentlichkeitsarbeit, also z.B. Placements", werden besonders kleinere Sender empfohlen (Rota 1994, 151). Aber „sogenannte ‚Dudelsender', bei denen der Musikanteil im Programm sehr hoch ist, sind für die Wirtschaftsberichterstattung nicht unbedingt die besten Partner: der Anteil an Wortmeldungen ist zu gering, um eine kontinuierliche Kooperation anzustreben" (Rota 1994, 153).

Die Aktivitäten der auf das Radio ausgerichteten PR (vgl. hierzu Kap. 5) zeigt, dass hier mit anderen journalistischen Suchkriterien gerechnet werden muss. Es reicht für ein Unternehmen nicht, den allgemeinen Nachrichtenwerten zu genügen; es muss auch radiophone Anforderungen erfüllen, wenn es eine Botschaft möglichst breit streuen will. Eine einfache Pressemeldung wird weniger Erfolg haben, weil viele, gerade kleinere Stationen nicht das Personal und das Geld haben, um sie zu verwerten. Wenn man ihnen dagegen direkt einen Bericht mit O-Ton liefern kann, nehmen sie diesen gerne entgegen, weil sie damit das Geld sparen, um selbst einen solchen zu produzieren.

Unter diesem Aspekt relativiert sich die Bedeutung der klassischen journalistischen Selektionsprinzipien. Es gesellen sich zu diesen inhaltlichen Kriterien der Nachrichtenauswahl ökonomische Bedingungen der redaktionellen Produktion. Die Hemmungen, die inhaltliche Verantwortung direkt in die Hände der interessieren Akteure zu geben, nehmen offensichtlich ab.

4. Rezipienten

Was Radiohören heißt, ist nicht leicht zu sagen. Die Definitionen, die HörerforscherInnen in verschiedenen Ländern benutzen, zeigen das gut. Für die belgische Radio- und Fernsehgesellschaft z.B. liegt der Tatbestand Radiohören dann vor, wenn das Gerät eingeschaltet und ein Mensch im Raum ist. Aus Schweden verlautet dagegen, jemand erfülle die Bedingungen für Zuhören dann, wenn er wenigstens fünf Minuten am Tag für ein Programm aufwendet. Mehrere Forschungsdienste überlassen die Definition gar den Hörerinnen und Hörern. „Listening is what a listener thinks it is", lautete z.B. die Antwort aus den Niederlanden (Mytton 1988, nach Hättenschwiler 1990, 84).

Hörerforschung fristet neben der Fernsehforschung eher ein Schattendasein. Sie wird von den Kommunikatororganisationen selbst oder in ihrem Auftrag durchgeführt und dient in erster Linie der Optimierung des wirtschaftlichen Erfolgs der Stationen. Ihre Zielsetzung ist eng und sie ist stark von der Programmplanung und den Geldgebern abhängig, insbesondere von den Werbekunden. Das Radio hat ein Produkt, Werbezeit, anzubieten. Das Publikum schafft die Voraussetzungen für den Absatz dieses Produkts.

Erst aufgrund qualitativer Einzelstudien setzt sich allmählich die Erkenntnis durch, dass das Hören ein und derselben Sendung für verschiedene Rezipienten ganz Verschiedenes bedeuten kann. Dies kann mit dem individuellen Vorwissen wie auch mit der übrigen Mediennutzung des Hörers zusammenhängen. Aber auch der Aufmerksamkeitsgrad kann ganz anders sein und nicht zuletzt das Nutzungsziel. Jemand kann sich einem Programm mit voller Aufmerksamkeit zuwenden oder es nur als Begleitung zu anderen – manuellen oder geistigen – Tätigkeiten nutzen. Man kann sich kurz ein- und wieder ausschalten oder ganze Sendungen hören usw. Wenn unterschiedliche Nutzungsweisen auch für andere Medien gelten, z.B. für die Tageszeitung oder für das Fernsehen, so sind sie bei keinem Medium so offenbar. Wer, von einem Hörerforscher befragt, angibt, an einem bestimmten Tag zwischen 10 und 12 Uhr Radio gehört zu haben, kann damit intensives Zuhören oder gelegentliches Hinhören meinen, kontinuierliches Verfolgen des Programms oder auch mehrfaches Zuschalten.

Die Hörerforschung sucht ihren Kontakt zum Rezpienten noch immer in erster Linie über Befragungen. Im Gegensatz zum Fernsehen, wo längst Kontrollgeräte die Nutzung registrieren, ist man beim Radio auf Interviews angewiesen. Hörerinnen und Hörer werden (z.B. in der *Media Analyse* der Bundesrepublik Deutschland) über ihren Tagesablauf vom Vortag befragt. Ein Vorteil dieser Methode besteht darin, dass zusätzliche Informationen zur Art der Nutzung des Radios, zum Stellenwert anderer Medien und zum Freizeitverhalten erfragt werden können. Dass die Befragten auf ihr Gedächtnis angewiesen sind, macht die Daten aber weniger zuverlässig. Auch die Lösung, repräsentativ ausgewählte Hörerinnen und Hörer Tagebuch führen zu lassen, schafft nicht unbedingt verlässliche Daten.

Mittlerweile lässt sich aber auch die Hörerforschung automatisieren. Eine Möglichkeit besteht darin, wie bei der Zuschauerforschung des Fernsehens an jedes Radiogerät ein Messgerät anzuschließen. Solche Methoden haben aber beim mobilen Medium Radio ihre Grenzen. Deshalb gibt es inzwischen Versuche mit einer zweiten Möglichkeit: Der Forschungsdienst der *SRG* appliziert Messgeräte direkt an der einzelnen Testperson. Jede Minute werden vier Sekunden lang alle Geräusche aufgezeichnet, mit denen die Testperson konfrontiert ist. Weil gleichzeitig alle in der Schweiz zu empfangenden Programme aufgezeichnet werden, ist es möglich, detailliert festzuhalten, was wann gehört wurde (Steinmann 1998).

Die Forschung ist den Rezipienten also auf den Fersen. Dennoch ist es auch mit diesen Hilfsmitteln schwierig, dem Charakter des Radiohörens gerecht zu werden. Was jemand während des Radiohörens tut und mit welcher Motivation er oder sie Radio hört, ist auf diese Weise nicht zu ergründen.

Die Frage, was Radio für den Rezipienten bedeutet, kann aber auch ganz anders angegangen werden, wie Einzeluntersuchungen (z.B. Lenk 1996) zeigen. Dieses Kapitel behandelt deshalb den Rezipienten auf zwei Ebenen: auf der statistischen Ebene, wie ihn die Publikumsforschung sieht, und auf der Ebene des Alltags, wie ihn z.B. Kultur- und Sprachwissenschaft sehen. Ein letzter Abschnitt ist auch hier der Durchlässigkeit der Grenze zwischen Rezipient und Kommunikator gewidmet.

4.1. Der Hörer als Konsument

Hättenschwiler (1990) sieht einen deutlichen Unterschied zwischen institutioneller und universitärer Forschung. Erstere ist (nach Hättenschwiler 1990, 234) eher pragmatisch ausgerichtet, verwendet eher ältere theoretische Ansätze und produziert „riesige Mengen wenig genutzter Daten". Die universitäre Forschung dagegen versucht neuere theoretische Erkenntnisse zu berücksichtigen und wird gelegentlich auch für eher qualitative Fragen eingesetzt (z.B. für die Begleitung der Versuche mit privatem Lokalfunk in der Schweiz), ist aber dennoch zu einem großen Teil Auftragsforschung. Hättenschwiler (1990, 114) illustriert dies damit, dass universitäre Hörerforschung in der Bundesrepublik und in der Schweiz vor der Einführung des privaten Rundfunks praktisch nicht existierte. Entsprechend fällt das Bild vom Rezipienten aus. Es interessiert nicht das Radiohören als alltagskulturelle Tätigkeit, sondern das Radiohören als Teil eines Konsumverhaltens.

4.1.1. Radiohören als Markt

Gerade aufgrund der institutionellen Nutzungsforschung ist das Konzept des Publikums als „Masse" dem Konzept des Publikums als „Markt" gewichen (Hättenschwiler 1990, 68). Die interne Struktur des Publikums wird weniger auf der Grundlage der sozialen Beziehungen ermittelt als vielmehr aufgrund sozioökonomischer Daten, v. a. Einkommen und Konsummuster. Die gesamte Hörerschaft stellt einen ‚Kuchen' dar, von dem sich das einzelne Programm ein möglichst großes Stück abschneidet. Ein Kommunikator, der auf die Zusammensetzung seines Kuchenstücks Einfluss nehmen will, spricht von der ‚Zielgruppe'.

Generell scheint es, dass Zielgruppen zu wenig differenziert umschrieben werden. Als Hauptmerkmal gilt noch immer das Lebensalter. Weiss/Hasebrink (1997) zeigen nun aber, dass sich VertreterInnen einer Generation als RadiohörerInnen sehr heterogen verhalten. Was und wie lange gehört wird, unterscheidet sich innerhalb ein und derselben Altersgrupe. Senioren zum Beispiel, die ihren Medienalltag „nach dem klassischen Muster der Hochkultur gestalten", hören bis zu drei Stunden täglich Radio. Andere konzentrieren sich aufs Fernsehen. Ihre Hörfunknutzung beschränkt sich auf gut 50 Minuten pro Tag (Weiss/Hasebrink 1997, 169).

Zwei Menschen, die gleichzeitig die Sendung X hören, können sich zudem in ihren übrigen Medienpräferenzen stark unterscheiden. Vielleicht hören sie sonst völlig unterschiedliche Sender und gehören deshalb auch für die Werbetreibenden (die gerne mit einem homogenen X-Publikum rechnen würden) zu völlig verschiedenen Zielgruppen. Die Mehrzahl der HörerInnen hört nicht ein einziges Programm, sondern stellt sich ein Menü zusammen, das aus verschiedenen, privaten wie öffentlichen Programmen besteht, genauso wie sie sich auch sonst in ihrem kulturellen Handeln unterscheidet (Weiss/Hasebrink 1997, 165).

4.1.2. Radiohören als Optimierungsprozess

Der Vergleich zwischen Hörfunk und Tageszeitung zeigt Vorzüge auf, die das Radio bei der Inhaltsselektion des Rezipienten hat. Dem Konsum einer oder mehrerer Tageszeitungen steht immerhin die ständige Wahl zwischen meist mehreren Dutzend Radiosendern gegenüber. Der Hörer kann ohne finanzielle Konsequenzen von einem Sender zum nächsten wechseln und damit unter verschiedenen journalistischen und künstlerischen Angeboten, gegebenenfalls unter verschiedenen politischen Inhalten wählen.

Auf der andern Seite wird der Hörer auf der Suche nach spezifischen Inhalten beim Radio nie auf die gleiche Weise fündig wie beim Printmedium: Er muss sich an die zeitlichen Vorgaben, an den linearen Ablauf des Programms halten, während er beim Printmedium die Nutzungszeit autonom wählen und einteilen kann. Ein Radioprogramm ist deshalb mehr als der Inhalt einer Zeitung das Resultat einer Optimierung. Ein beschränktes Angebot wird abgestimmt auf die Bedürfnisse eines möglichst großen Publikums unter Berücksichtigung der Produktionsbedingungen der Kommunikatoren. Die leicht aktualisierte Nachrichtensendung zu jeder vollen oder halben Stunde, wie sie vielerorts Standard ist, ist ein typisches Beispiel dafür. Sie bietet der Informationsnachfrage in sinnvollen Abständen Nahrung, kommt aber in den Zwischenzeiten dem Unterhaltungsbedürfnis nach. Zudem entspricht es den redaktionellen Möglichkeiten; eine noch engere Programmierung von Nachrichten wäre zu aufwendig. Der Hörer hat also Nachrichten als regelmäßige Dienstleistung zur Verfügung, aber er kann sie nicht sofort abrufen; er muss bis zur vollen oder halben Stunde warten (MacFarland 1990, 10).

4.2. Der Hörer als Nutzer

Das typische Massenmedien-Publikum ist „dispers". Die Menschen, die gleichzeitig Radio hören, sind voneinander isoliert; sie sehen einander nicht. Und dennoch haben sie eine Gemeinsamkeit in der Gleichzeitigkeit. Jeder weiß, dass mit ihm noch Tausende andere zuhören. Die Tatsache, dass sich das Radiopublikum trotz der örtlichen Trennung als Gemeinschaft fühlt, gehörte schon zu den frühen Erkenntnissen der Rezeptionsforschung (Klapper 1960). Ulrich Saxer (1989) spricht von einer „Dorfbrunnenfunktion" des Radios. Aktuelle politische Information und Klatsch werden nicht mehr in kleinen Gesprächsrunden ausgetauscht, sondern medial vermittelt. Hörerkontaktsendungen und Hörerclubs lassen ein Zusammengehörigkeitsgefühl entstehen.

Zentral für die heutige Art, Radio zu hören, ist der Begriff ‚Begleitmedium'. Radiohören ist viel stärker mit andern täglichen Aktivitäten verflochten als die Nutzung anderer Medien. Das Radio ist im alltäglichen Leben seiner Rezipienten integriert (Hättenschwiler 1990, 18–20).

4.2.1. Der Rezipient und die Zeit

Ein wichtiges Charakteristikum der Massenmedien ist ihr Einfluß auf die räumliche und die zeitliche Dimension des sozialen Lebens. Sie befähigen Menschen nicht nur dazu, über weite Raum- und Zeitspannen zu kommunizieren, sie bewirken auch, dass Zeiten und Räume neu geordnet und genutzt werden (Thompson 1995, 31). Dies gilt auch für den Hörfunk. Dabei hat sich der Alltag des Radiohörers nicht nur über die Jahrzehnte drastisch verändert, er unterscheidet sich nicht nur von Kultur zu Kultur; auch zu einem einzelnen Zeitpunkt in einer einzigen Kultur kann Radiohören ganz Unterschiedliches bedeuten (Scannell 1988).

In den ersten Jahren war Radiohören eine Begegnung mit einem neuen, faszinierenden Medium. Lenk (1997) setzt für die Rezipientengeschichte in Deutschland eine Phase an, in der das Radio erst im Diskurs existiert („Das Medium als Botschaft"). Es wird über die Presse und über persönliche Berichte bekannt, und man diskutiert es, bevor die meisten Menschen, die an der Diskussion teilnehmen, überhaupt mit ihm in Kontakt gekommen sind. Wer sich einen Empfänger bastelt oder erwirbt, interessiert sich eher dafür, *dass* er etwas hört, als dafür, *was* er hört. Radiohören ist noch oft eine gemeinschaftliche Sache unter Nachbarn und Bekannten.

Wenn man den Berichten und Werbeaussagen aus den frühen 1920er Jahren trauen kann, dann schalteten die HörerInnen ihr Gerät oft mit ähnlichen Erwartungen ein, wie sie ein Konzert oder einen Vortrag besuchten: zum konzentrierten Genuss, oft in Gruppen. Das typische Tagesprogramm war stark zerstückelt, unterschiedlichste Formen und Themen folgten auf ein und demselben Sender. Dies animierte eher zu einem gezielten Einschalten als zur Berieselung, besonders für alle diejenigen, die nur mit Kopfhörern zuhörten. Dennoch muss damit gerechnet werden, dass auch Vollprogramme, sogar wenn sie viele Wortbeiträge enthalten, als Begleitprogramme im Hintergrund genutzt werden – dann nämlich, wenn sich keine Alternativen bieten. Ständig eingeschaltete Radiogeräte gehörten Anfang der 1970er Jahre beispielsweise in Finnland mit seinen zwei finnischsprachigen Vollprogrammen auf ähnliche Weise zur Realität wie in Deutschland, wo es bereits begleitprogrammähnliche Angebote gab.

In den Jahrzehnten ohne Fernsehkonkurrenz bestimmten die wichtigsten Programmpunkte des Radios den Tagesablauf seiner Rezipienten stark. Die wenigen Nachrichtensendungen der ersten Jahrzehnte etwa erzielten ähnliche hohe Aufmerksamkeit wie heute die Hauptnachrichten des Fernsehens (Scannell/Cardiff 1991, 25, 41). Das *Wunschkonzert* des *Süddeutschen Rundfunks* Mitte der 1950er Jahre erreichte um 21.30 Uhr rund 45 % Hörerbeteiligung (Lersch 1995, 113).

In der heutigen Zeit ist der zeitstrukturierende Einfluß des Radios stark gemildert. Das Programm ist stärker service-orientiert; die Tendenz geht auf Abrufbarkeit und Durchhörbarkeit. Radiozeit ist nicht mehr so sehr Zeit, die die Rezipienten dem Radio opfern, sondern vielmehr Zeit, in der sie das Radio während anderer Verrichtungen eingeschaltet haben (Klingler/Windgasse 1994, 116). Man isst während des Fernsehens, aber man hört Radio während des Essens.

Der Hörer als Nutzer

4.2.2. Der Rezipient und der Raum

Die Einführung des Radios brachte nicht nur neue Zeit-, sondern auch neue Raum-Erfahrungen. Öffentliche und private Räume wurden anders oder weniger stark abgegrenzt. Konzerte und Vorträge wurden nicht mehr im öffentlichen Saal, sondern im Wohnzimmer gehört. Gottesdienste aus Kirchen, bei denen die Hörerin am Lautsprecher, örtlich (evtl. auch zeitlich) vom Geistlichen getrennt, an dessen sakralen Handlungen teilnimmt, erweiterten den Ort, „wo zwei oder drei in meinem Namen versammelt sind".

Das neue Medium Radio führte für die Rezipienten zu einer Neuorientierung im Wohnraum, die nicht nur im geistigen Sinne (z. B. Anwendung öffentlicher Normen auf die Wohnstube), sondern auch körperlich fassbar wird. Radiohören war zunächst eine Sache des eingeschränkten Bewegungsraums, der Gruppierung von Personen, der starren Körperhaltung. Die technische Entwicklung ermöglichte dem Rezipienten aber im Laufe der Zeit größere Bewegungsfreiheit, so dass das Radio heute das Medium des sich im Raum bewegenden Rezipienten ist.

Mobilität der Rezeption war im Radio schon früh angelegt. Beim militärischen Funk war es für Sender und Empfänger wichtig, ihren Standort rasch verschieben zu können, und schon bei Beginn des regulären Rundfunkbetriebs in den USA gab es neben den Heimempfängern auch Autoradios (Schiffer 1991, 63). Die ersten industriellen Radioempfänger waren batteriebetrieben. Umfang und Gewicht zu reduzieren und sie für Picknicks und Bootsfahrten zu propagieren, lag für die Hersteller auf der Hand. Schiffer (1991) zeichnet denn auch einen Boom für tragbare Radios in den 1920er Jahren nach, der andauerte, bis die netzabhängigen Geräte den Markt dominierten.

Autoradio und Kofferradio erlebten ihren großen Aufschwung aber erst nach dem Zweiten Weltkrieg. Am 23. Dezember 1947 demonstrierte eine Gruppe von Wissenschaftlern eine Konstruktion zweier eng beieinander montierter Drähte auf einem Germaniumplättchen. Sie nannten dieses kleine, kompakte Ding, das in der Lage war, schwache, hochfrequente Wechselströme zu verstärken, *Transistor*. In Funk- und Radiogeräte eingebaut, konnten Transistoren als Ersatz für die bisher verwendeten Elektronenröhren dienen. Teuer, wie sie waren, wurden sie zunächst für militärische Geräte verwendet. Der erste handliche Transistor-Empfänger für die Allgemeinheit wurde in den USA für den Weihnachtsmarkt 1954 lanciert. Auch wenn diese ersten Geräte noch skeptisch aufgenommen wurden, dauerte es weniger als fünf Jahre, bis die Röhrentechnik für die tragbaren Radiogeräte keine Rolle mehr spielte (Schiffer 1991, 161–201).

Es sind diese tragbaren Radiogeräte, die in abgelegenen Dörfern der Dritten Welt und in vielen anderen Kontexten den Empfang ermöglichen. Und es ist die gleiche Entwicklung des portablen Empfängers, die das Radiohören noch stärker als zuvor zu einer individuellen Sache gemacht hat. Jeder einzelne kann sich mit seinem Gerät in eine stille Ecke zurückziehen, kann seine Einsamkeit im Auto oder im Krankenbett überbrücken. Das Radio ist für den Hörer zu einem Ersatz-Kommunikationspartner geworden: „Es verbindet ihn in seinem Zuhause mit der Außenwelt, es bietet ihm Möglichkeiten, seine negativen Stimmungslagen abzubauen oder seine positive Stimmung zu festigen." (Eckhardt 1982, 188)

Das Radio ist in der Lage, nur über eine Stimme eine empathische Beziehung zwischen Kommunikator und Rezipient herzustellen. Wenn wir das Beispiel eines Moderators nehmen, der nach Mitternacht durch ein Musikprogramm führt, wird dies sehr deutlich. Die Autofahrerin, der Nachtwächter, die schlaflose Patientin hätte ja meist auch die Möglichkeit, Musik aus der Tonband- oder CD-Konserve zu hören. Sie zieht aber diese Form vor, in der gelegentlich eine Person über ihre Stimme Präsenz markiert. Mit aktuellen Hinweisen, aber auch mit banalen, standardisierten Informationen wie Zeitansagen, werden Texte live produziert. Der Zuhörer kann ihr Entstehen mitverfolgen. Das vermittelt Präsenz, und zwar gleichzeitige (nicht etwa aufgezeichnete) Präsenz eines andern Menschen. Dies allein kann begleitend, unterhaltend, oder auch tröstend wirken.

4.2.3. Der Rezipient und die Inhalte

Wie auch andere Medien wird das Radio zum Zweck der Information, Meinungsbildung und Unterhaltung genutzt. Aber schon Unterhaltung kann für die Radiohörerin etwas ganz anderes bedeuten als für den Fernsehzuschauer. Es geht nicht um den Genuss eines Hörspiels oder einer bestimmten Unterhaltungsshow, sondern um die sofortige Nutzung zum „Abbau negativer Stimmungslagen" (Eckhardt im Druck).

Auch Information durch das Radio bedeutet etwas ganz anderes als Information durch andere aktuelle Medien. Radiohören ist Bestandteil der „alltäglichen Informationsroutinen". Diese beginnen damit, dass am Morgen das Radiogerät eingeschaltet wird. Erst dann wird mit der Tageszeitung das Geschehen vom Vortag nachgearbeitet. Das Fernsehen schließlich übernimmt am Abend die Rolle des Radios, bietet aber auch einen Rückblick auf das Tagesgeschehen und arbeitet vor für die Tageszeitung vom nächsten Tag. Das Radio aber hat den Tag über die erste Orientierung gebracht (Klingler/Windgasse 1994, 117).

Ausschlaggebend dafür, ob jemand das Radio einschaltet oder nicht, sind aber „eher situationsspezifische als angebotsorientierte Motive" (Eckhardt im Druck). Man schaltet zum Beispiel das Fernsehen aus und das Radio ein, weil man sich einer Hausarbeit zuwendet, – nicht etwa primär um ein bestimmtes Programm zu nutzen. Oft schaltet man das Radiogerät aus, weil man sich mit anderen Menschen unterhalten will, und man schaltet es ein, weil man sich alleine fühlt. Dass diese Erkenntnisse, die auf einer deutschen Studie (Eckhardt 1982) beruhen, von der jeweiligen Kultur abhängig sind, liegt auf der Hand. Gerade in Deutschland scheint das Radio als Medium der Gruppenrezeption ausgedient zu haben; in anderen Ländern wären ganz andere Ergebnisse zu erwarten (vgl. Kap. 1.2.4.).

4.3. Der Hörer als Kommunikator: Hörerbeteiligung

Das Radio entwickelte sich aus Medien der Zwei-Weg-Kommunikation, und es wandte sich in seiner Pionierphase an Rezipienten, die auch Sender waren. Erste Versuchssendungen richteten sich an Funker zur See und an militärische Funker. Diese Hörer verfügten also über ein Sende- und Empfangsgerät. Noch heute existiert eine ähnliche Übergangsform in den HAM-Radios der Kurzwellenfunk-Amateure. Radio ist da noch dialogische Kommunikation, an der weitere mehr oder weniger zufällige Mithörer und Mitredner teilnehmen.

Heute ist das Radio wohl dasjenige publizistische Medium, das den Tausch der Rezipienten- mit der Kommunikatorrolle am leichtesten ermöglicht. Viele Formen, vom Hörertelefon bis zum offenen Kanal, sind erprobt und auch oft als Pseudopartizipation kritisiert worden.

4.3.1. Partizipation als Forderung von ‚Hörfunktheorien'

Schon die klassischen ‚Hörfunktheorien' sehen das Radio als Instrument der (politischen) Partizipation. Walter Benjamin erkannte, dass der Hörfunk im Gegensatz zu den Verbreitungsmedien Kino und Theater das Publikum nicht als Gruppe, sondern nur über die Einzelperson erreichte. Er erkannte die Möglichkeit des Radios, das Publikum bei der Programmgestaltung zu beteiligen. Die „grundsätzliche Trennung zwischen Ausführenden und dem Publikum" sei aufzuheben zugunsten eines Radios, das die Öffentlichkeit zu Zeugen von Interviews und Gesprächen macht, in denen „bald der bald jener das Wort hat". Benjamin verurteilte, ähnlich, wie es fast ein halbes Jahrhundert später wieder getan wurde, die „Konsumentenmentalität" der Hörer und forderte, dass sie das Medium technisch und formal verstehen lernten, um sich an der Programmproduktion aktiv zu beteiligen.

Benjamin knüpfte in seinen Überlegungen 1930 ausdrücklich an die heute noch bekannteren Vorstellungen Bertolt Brechts an, dessen Forderung, der Rundfunk müsse vom Distributions- zum Kommunikationsapparat werden, heute sprichwörtlich ist. „Kardinalfehler" des Mediums sei die „Ein-Weg-Information", fand Brecht. Die Trennung zwischen Sender und Empfänger müsse überwunden werden:

> Der Rundfunk wäre der denkbar großartigste Kommunikationsapparat des öffentlichen Lebens, ein ungeheures Kanalsystem, das heißt, er wäre es, wenn er es verstünde, nicht nur auszusenden, sondern auch zu empfangen, also den Zuhörer nicht nur hören,

sondern auch sprechen zu machen und ihn nicht zu isolieren, sondern ihn in Beziehung zu setzen. Der Rundfunk müsste demnach aus dem Lieferantentum herausgehen und den Hörer als Lieferanten organisieren. [...] Der Rundfunk muss den Austausch ermöglichen. (Brecht 1930:1967, 134–135)

Eine in dem Sinne aktive Bürgerschaft würde auch die „Kommunikation zwischen den Regierenden und Regierten" ermöglichen (Herrmann im Druck).

Schon früher hatte Brecht in seinen „Vorschlägen für den Intendanten des Rundfunks" (Brecht 1930:1967) auch detailliert dargestellt, dass programmliche Verbesserungen im herkömmlich strukturierten Rundfunk zu seiner demokratischeren Nutzung führen könnten. Er schlug u. a. Direktübertragungen aus dem Reichstag, aber auch aus Gerichten vor und forderte Interviews mit Politikern, wie sie heute längst an der Tagesordnung sind. Ein Teil der Aussagen, die als Brechts „Radiotheorie" bezeichnet werden, zielen also „ganz pragmatisch auf eine mediengerechtere Nutzung des Radios" ab (Herrmann im Druck).

Entsprechend seiner eigentlichen Berufung hat sich Brechts praktische Radio-Arbeit im Hörspiel niedergeschlagen und nicht etwa in der politischen Berichterstattung. Im Stück *Der Ozeanflug* (ursprünglich: *Der Flug der Lindberghs*) waren die RadiohörerInnen beteiligt, indem sie sich zu Sprechchören fanden. Dass sich das Vorgehen nicht „als Modell neuer radiophoner Produktionsweisen" durchsetzen konnte (Hörburger 1975, 36), lässt sich durch Anhören der Aufnahme von 1930 lebhaft nachvollziehen. Wenn sich spätere Rundfunkaktivisten auf Brecht bezogen, dann konkretisierten sie den Partizipationsgedanken auch eher in Sendungen und Kanälen, in denen Betroffene und Gruppen über eigene Belange informierten.

Heute ist in der Organisationsform des öffentlichen Radios in einigen Ländern Partizipation angelegt, wenn sie sich auch nicht in dem von Brecht gemeinten radikalen Sinn auswirkt. Hörerinnen und Hörer brauchen sich nicht nur als GebührenzahlerInnen erfassen zu lassen; sie können (Schweiz) oder müssen (Niederlande) sich auch durch Mitgliedschaft in einer Radiogesellschaft an der Kommunikator-Organisation beteiligen.

4.3.2. Formen der Hörerbeteiligung

In den 1920er Jahren zeigen sich in Europa viele Ansätze dafür, dass jeder relativ leicht vom Rezipienten zum Kommunikator werden konnte. Radiohörer waren sehr früh in eigenen Organisationen zusammengeschlossen, um Einfluss auf die Programme zu gewinnen. Der deutsche Arbeiter-Radio-Klub (1924 gegründet) forderte 1926 einen eigenen Sender (nach Vorbildern aus Österreich und den USA), drang aber damit bei der Reichsregierung nicht durch. In der Nazi-Zeit, aber auch nach dem Krieg, bis in die 1960er Jahre hinein, bestand die Hauptform der Hörerbeteiligung in Wunschkonzerten. Als der Studentenprotest 1968 auch den öffentlich-rechtlichen Rundfunk als Herrschaftsinstrument kriti-

Der Hörer als Kommunikator 53

siert hatte, ging es noch mehrere Jahre, bis sich Sendungen mit Hörerbeteiligung durchsetzten. Eine Pioniersendung war *Hallo, Ü-Wagen* ab 1974 (Thomas 1984).

Orians (1991, 31–36) schreibt eine *kleine Geschichte der Hörerbeteiligung in deutschen Programmen*. Sie beginnt mit „inszenierten Zuschriftenaktionen" schon im Jahr 1923, die vor allem auf besseren Empfang abzielten. Schon ab 1924 führten Sender und Rundfunkzeitschriften Befragungsaktionen über Programmwünsche und Hörgewohnheiten durch. Hörerbriefe und Telefonanrufe, spontan und auf Aufforderung der Sprecher, belegen ebenfalls schon in den Anfangsjahren die Bereitschaft der Rezipienten, das Programmangebot mit ihrem Feedback zu beeinflussen.

Im kommerziellen Hörfunk dominieren als Dialogformen mit dem Rezipienten Gewinnspiele und andere Formen des kurzen Telefongesprächs. Dass dabei der Dialog, den der Moderator führt, oft nur symbolische Funktion hat und in erster Linie der Selbstdarstellung des Senders und der Hörerbindung dient, kann nicht überraschen (Kiessling 1996). Dennoch gibt es mittlerweile beliebte Sendungen, in denen HörerInnen mit ModeratorInnen oder HörerInnen untereinander ausführliche Gespräche über zehn oder fünfzehn Minuten führen. Der Sinn dieser Talkshows ist zwar weit entfernt von einem Beitrag zur politischen Meinungsbildung. Aber sie können nicht mehr in allen Fällen abgetan werden als menschenverachtende Pseudokommunikation. Interessante Formen der Höreraktivität bieten diese Sendungen, wenn der Moderator keine eigenen Inhalte einbringt, sondern sich auf Relaisfunktionen beschränkt. Ratgebersendungen können etwa so funktionieren: Ein Hörer ruft an, schildert ein Problem oder stellt eine Frage, die ihn umtreibt. Die restliche Hörergemeinde wird aufgefordert, Ratschläge oder Antworten zu erteilen. Der Moderator hat die Funktion eines Katalysators und Vermittlers. Durch Nachfragen versucht er Anliegen und Auskünfte der Anrufenden verständlicher zu machen; die Sendung wird zwar nicht zum reinen Dialog zwischen Rezipienten, aber sie ist auch nicht mehr die One-Man-Show des reinen Begleitprogramms (Berkenbusch 1998).

Der erste *Offene Kanal* der Bundesrepublik, bei dem Hörerinnen und Hörer unzensierte und unredigierte eigene Beiträge senden konnten, wurde erst 1984 im *Kabelpilotprojekt Ludwigshafen* realisiert. Unterdessen wird die Möglichkeit in fast allen Landesmediengesetzen gegeben. In Nordrhein-Westfalen müssen die lokalen Hörfunkanbieter sogar bis zu 15 % (maximal 2 Stunden) ihrer täglichen Sendezeit für den Bürgerfunk zur Verfügung stellen. Die bisherigen Erfahrungen zeigen aber, dass es schwierig ist, auf diese Weise den Anforderungen eines aktuellen und attraktiven Radios zu genügen (Heidinger/Schwab/Winterhoff-Spurk 1993).

In den 1990er Jahren bietet der PC fast jedermann die Möglichkeit, ein eigenes Radioprogramm im Internet zur Verfügung zu stellen: „Die Radiofreaks sind wieder da. Mit einem Audioserver für ein paar 1000 Mark kann jeder seine

Stimme im Netz auch akustisch erheben." (pl@net 7/96, 38, zitiert nach Herrmann im Druck)

Angebote an das Publikum, sich im Medium zu äußern, werden oft als Alibiübungen abgetan. Dennoch kann sich die Vielfalt der Partizipationsmöglichkeiten, die der Hörfunk bietet, sehen lassen, und einzelne Formen bieten den HörerInnen vielleicht nicht gerade ein politisches Sprachrohr, dafür aber neue Formen der öffentlichen Diskussion. Und wer einen Blick über Europa hinaus wirft, wird die Sache wiederum ganz anders beurteilen. Deshalb zum Abschluss ein Beispiel aus Zimbabwe, wo der Einbezug von Hörerinnen in die Produktion nicht nur eine neue Kommunikator-Sicht in die Sendungen einbringt, sondern auch hilft, dezentraler zu produzieren.

Die Nationale Radiogesellschaft von Zimbabwe fördert die Teilnahme von Frauen aus dem ganzen Land über sogenannte Hörerinnenclubs. Jennifer Sebanda, eine Mitarbeiterin des Radios, beschreibt das Modell folgendermaßen:

> Die Hörerinnenclubs sind ein Projekt von Africa Media Women. Wir haben Frauen in verschiedenen Teilen des Landes ausgebildet, damit sie mit einem Kassettenrekorder und einem Mikrophon eigene Radiosendungen produzieren können. Nun, die Frauen eines Dorfes versammeln sich, diskutieren ein Thema und verpacken das ganze in eine Radiosendung. Die Koordinatorin reist im Lande herum und sammelt alle Kassetten der 45 Hörerinnenclubs ein. Wenn Frauen in ihren Sendungen Forderungen an die Behörden stellen oder diese kritisieren, holt sie Reaktionen bei den betreffenden Behörden ein, und dann werden die Sendungen im nationalen Radio ausgestrahlt. (Miglioretto 1995)

Auf diese Weise kommen politische, soziale, kulturelle und ökologische Themen ins Programm. Sebanda schildert die Sendungen aber auch als Anstoß für die Gründung von Gemeinschaftsradios in den Dörfern, so dass der Erfahrungsaustausch sowohl im nationalen als auch im lokalen Rahmen möglich wird.

5. Inhalte

Die Redaktion eines Lokalradios lädt einen Kommunalpolitiker ins Studio. Hörerinnen und Hörer können anrufen und mit dem Gast über aktuelle Umweltfragen reden. Ein Moderator führt in die Sendung ein, begrüßt die Anrufenden, stellt hin und wieder eine Nachfrage, beendet Gespräche und sorgt für musikalische Auflockerung.

Ein Politiker, mehrere ZuhörerInnen und ein Moderator: So wie auf der gesellschaftlichen Ebene die Radiokommunikation ein Zusammenspiel von Akteur, Rezipient und Kommunikator ist, präsentiert sich uns die einzelne Sendung als eine Szene, an der wiederum Kommunikator, Akteur und Rezipient beteiligt sind.

Nur sind sie hier nicht mehr statistische Größen, sondern konkrete Figuren im Text (und mit Text ist die Sendung oder der Beitrag mit allen seinen akustischen Elementen gemeint, also die ganze inhaltliche Einheit, nicht nur sein sprachlicher Anteil). Der Kommunikator verdichtet sich zu einer einzelnen Person, dem Moderator, obwohl hinter diesem die komplexe Organisation der Sendeanstalt steht. Der Akteur ist ein einzelner Politiker; dass er für eine ganze Behörde oder eine Partei steht, wird in der Sendung vielleicht nicht einmal erwähnt. Und die Rolle des Rezipienten übernehmen die wenigen HörerInnen, die in der Sendung zugeschaltet werden, eine sehr zufällige Auswahl aus dem Zielpublikum des Senders.

Auf der gesellschaftlichen Ebene, für die wir uns bisher interessierten, fragten wir danach, wie sich die Größen Kommunikator, Akteur und Rezipient zusammensetzen, wie sie organisiert sind, welche Funktionen sie in der Gesellschaft ausüben, wie sich ihr Zusammenspiel im Laufe der Geschichte verändert hat. Auf der Ebene des Textes finden wir Kommunikator, Akteur und Rezipient wieder. Hier realisieren sie allerdings nur einzelne Merkmale aus all dem, was wir über die entsprechenden empirischen Größen wissen. Sie sind *textuelle* Figuren, und der Text sagt etwas über ihre Beziehungen aus, während er anderes verschweigt. Er ist also ein einseitiges Modell der Interaktion von Kommunikator, Akteur und Rezipient, wie sie auf gesellschaftlicher Ebene stattfindet. Die radiospezifischen Mittel, die es ermöglichen, Kommunikator, Akteur und Rezipient im Text interagieren zu lassen, sind Thema dieses Kapitels.

Das Radio hat für den Auftritt von Kommunikator, Akteur und Rezipient eine bestimmte Formensprache entwickelt. Im Beispiel der Gesprächssendung ist sie geprägt durch die gesprochene Umgangssprache und die Rhetorik von Interview und Moderation. In anderen Fällen kommen verschriftlichte Sprachformen und nichtsprachliche Elemente (Musik, Geräusche) hinzu. Abschnitt 5.1 widmet sich diesem radiospezifischen *Zeichenmaterial*.

Um die Begegnung von Kommunikator, Akteur und Rezipient zu inszenieren, sind Beitrags- und Sendungstypen entstanden, die sich sehr stark an die Gattungen anderer publizistischer Medien anlehnen, aber auch solche, die sehr typisch für den Hörfunk sind, wie der gebaute Beitrag oder die Live-Reportage. Sie bieten unterschiedliche Möglichkeiten, die Beziehung zwischen Kommunikator, Akteur und Rezipient zu gestalten. In der angeführten Gesprächssendung etwa stehen PolitikerInnen und HörerInnen dem Kommunikator ganz anders gegenüber als in einem tagesaktuellen Bericht. Unter diesem Aspekt werden in Abschnitt 5.2 verschiedene *Sendeformen* des Radios vorgestellt.

Aus der Auswahl und der zeitlichen Abfolge der Sendeformen ergibt sich ein Programm, in dem angelegt ist, ob, wie und wie ausgiebig Kommunikatoren, Akteure und Rezipienten in den Texten vorkommen können. So entstehen unterschiedliche Bühnen, je nach dem, ob es sich etwa um einen reinen Musik-Sender mit stündlichen Nachrichten, einen Kulturkanal mit starkem Wortanteil oder ein staatlich gefördertes Vollprogramm handelt. Mit *Programm und Format* als Rahmen für die Inszenierung befasst sich deshalb der Abschnitt 5.3.

5.1. Ton und Sprache: das Zeichenmaterial

Hörfunk ist akustisches Medium. Für Kommunikator, Akteur und Rezipient sind die wichtigsten Ausdrucksmittel Sprache, Musik und Geräusche.

Dass sich das Medium auf Ausdrucksformen des Hörens beschränken musste, hat dazu geführt, dass es dieses Inventar sehr früh stark ausdifferenziert hat. Denn im rein akustischen Medium stellt schon die Unterscheidung verschiedener Figuren ihre besonderen Aufgaben.

Während sich die Moderatoren im Fernsehen durch ihre Gesichter unterscheiden, müssen die Moderatoren im Radio ihre Konturen über ihre Stimme und ihre Sprechweise bekommen. Während in Fernsehnachrichten Standbilder von Akteuren ausreichen, um eine Nachricht zu illustrieren, muss im Radio für einen ähnlichen Zweck ein Originalton, also eine Aufnahme mit einer Äußerung des Akteurs, gesucht werden. Während im Fernsehen ein Blick in die Kamera genügt, um den Kontakt zum Rezipienten zu intensivieren, muss dies im Radio mit einem Wechsel der Sprechweise und der Distanz zum Mikrofon versucht werden, meist abgesichert mit einer persönlichen Ansprache *(Sie)*.

Kommunikator, Akteur und Rezipient führen in Radiotexten mindestens so intensive Auseinandersetzungen wie in anderen publizistischen Medien. Sie bekommen ihre Gestalt aus einem besonderen Grundmaterial, dem Ton. Er-

Das Zeichenmaterial 57

staunlicherweise ist uns der bewusste Umgang damit weniger selbstverständlich als mit Bildern oder geschriebener Spache. Während es sich bei Fotografien längst herumgesprochen hat, dass sie kein objektives Abbild ermöglichen, vergisst man diese Erkenntnis leicht, wenn es um so etwas scheinbar Einfaches wie die Tonaufnahme geht. Deshalb ist hier zuerst etwas über dieses Grundmaterial zu sagen, das nicht einfach vorliegt, sondern jedesmal neu hergestellt wird.

5.1.1. Ton als Grundmaterial

Jedes Radiosignal ist gemacht. Auch ein Geräusch oder eine sprachliche Äußerung, die scheinbar unbeeinflusst vom Mikrofon ‚eingefangen' wurde, ist ein Produkt des Hörfunks, eines bestimmten Umgangs des Kommunikators mit seiner Quelle.

Wenn dennoch von einer *Ausgangsqualität* der verbalen und nichtverbalen Signale die Rede ist, dann ist das eher eine Arbeitsgrundlage für die Praktiker, die gezwungen sind, auf die Gegebenheiten ihrer Quellen einzugehen. Aber auch für sie geht es nicht darum, einer Realität nachzujagen, die im fertigen Produkt zu rekonstruieren wäre. Zudem erlauben es traditionelle und digitale Mittel, sehr viele Geräusche und Klänge im Studio herzustellen. Dennoch ist es natürlich auch für den endgültigen Klangeindruck entscheidend, die „ursprünglichen" Laute beurteilen zu können. Besonders wichtig ist ihre *Intensität:* Ist es eine einzige Quelle? Ist es eine von mehreren gleichzeitig aktiven Quellen? Ist es eine Gruppe von im Raum plazierten Quellen? Und wie verhält sich die Präsenz der gemeinten Quelle mit derjenigen von Nebengeräuschen?

Auch beim Willen zu größtmöglichem Naturalismus schafft die Wahl des Mikrofons und des Tonbandmaterials schon erste Gegebenheiten, die aus dem scheinbar unbeeinflussten Tonereignis das Produkt einer Zusammenarbeit von Kommunikator und Akteur (bzw. Geräuschquelle) machen. (Einen guten Einstieg in die Schwierigkeit, „natürliche" Klänge aufzunehmen, bietet Zindel/Rein 1997, 218–291; eine leicht verständliche und umfassende Einführung in die Aufnahmetechnik Dickreiter 1973:1987.)

Jeder Ton trägt zudem *räumliche* Informationen. Der Raum, in dem er entsteht, gibt ihm z.B. mehr oder weniger Hall. Auch hier spielt das Mikrofon eine entscheidende Rolle, das mehr oder weniger von der Größe und Beschaffenheit des Raums zu vermitteln vermag und gleichzeitig zeigt, wie der Akteur oder die Geräuschquelle im Raum und zum Kommunikator positioniert ist. Auch die Stereophonie (schmal – weit) kann das Grundmaterial entscheidend verändern.

Die *qualitative Bearbeitung* gibt dem Grundsignal weitere Merkmale. Es kann z.B. gefiltert, gedämpft oder verzerrt werden. Gerade hier sind angesichts der Möglichkeiten der digitalen Hörfunkproduktion kaum Grenzen gesetzt. Der

Einsatz von Filtern ist aber schon bei einfachen Sprecheraufnahmen im Studio Routine. Dazu gehört zum Beispiel, dass bei dem einen Sprecher die Bässe etwas stärker betont, beim anderen die Zischlaute gedämpft werden.

Der Ton steht zudem in *zeitlichen* Zusammenhängen: Einzelne Tonelemente haben nicht nur ihre eigene Länge, sondern auch ihre Position in einer zeitlichen Anordnung. Über die Montage, wie sie das Tonband oder elektronische Schnittverfahren ermöglichen, aber auch über das Zuspielen von Material in der Livesendung bekommt der einzelne Ton neue Bedeutung im Zusammenspiel mit den vor und nach ihm erklingenden. Die Einwirkung eines Tons auf den nächsten oder übernächsten relativiert auch den Einfluss der Zeit: Ein einzelnes Element wird vom Hörer über die Zeit erinnert, und obwohl zwei Töne nicht gleichzeitig rezipiert worden sind, werden sie u.U. doch miteinander verarbeitet. (Ein Beispiel im Mikrobereich: Ein Geräusch, das ganz nah an den folgenden Text geschnitten wird, wirkt wie ausgeblendet; eine ‚akustische Täuschung', mit der man sich bei der Produktion aus der Patsche helfen kann, wenn es nicht mehr möglich ist, die Aufnahme nachträglich zu blenden und man doch allzu harte Übergänge vermeiden will.)

Die zeitliche Kombination unterschiedlicher akustischer Ereignisse umfasst neben dem einfachen Schnitt die Vorgänge des Einblendens, Ausblendens, Überblendens (Ausblenden und Einblenden nacheinander) und Durchblendens (Ausblenden und Einblenden bei gleichzeitiger Hörbarkeit beider Quellen). Klippert (1977, 39–40) unterscheidet die Blenden nach ihrer ästhetischen Funktion: Sie können z.B. als „Raumblende" eine örtliche Veränderung anzeigen, als „Zeitblende" eine Zeitspanne überspringen oder als „Dimensionsblende" eine Veränderung unterschiedlicher „Daseinsschichten" andeuten (z.B.: von der realen Sprechsituation in der Ausgangsstimme des Sprechers wird zur technisch veränderten Stimme geblendet, die einen anderen Bewusstseinszustand darstellt). Analoges gilt aber auch für die Bearbeitung. Der Übergang von der rein technischen Funktion, einen präsentablen Sound herzustellen, zum bedeutungshaltigen Beeinflussen der Botschaft ist fließend.

Viele radiophone Produktionsweisen sind außerhalb des Hörfunks weiter entwickelt worden. Zum Beispiel sind viele der Effekte der frühen Rockmusik eigentlich Radio-Effekte. Rockmusiker ließen sich von ihren Radioerlebnissen inspirieren, zu denen auch unfreiwillige Effekte wie die Stör- und Rückkopplungsgeräusche beim Kurz- und Mittelwellenempfang bzw. beim militärischen Funk gehörten. Die Sendung von Wolfang Scherer 1994 zur *Kriegsgeschichte der Schallaufzeichnung* (Scherer 1994) zeigt dies mit eindrücklichen Hörbeispielen.

Das Zeichenmaterial 59

5.1.2. Radiosprache

Radio gilt vielen MedienwissenschaftlerInnen als verbales Medium (z. B. Crisell 1986, 56). Im Gegensatz zu den sprachlichen Ausdrucksmitteln sind Geräusche, so vielseitig sie in Radioproduktionen eingesetzt werden, schwächer differenziert. Ihre journalistische Aussagekraft erhalten sie erst, wenn sie in einen sprachlichen Kontext gesetzt werden. Deutlich wird dies dann, wenn eine Sendung Geräusche zum Thema hat. Das Radio kann zwar über das Klangbild verschiedenster Gegenstände das frühere Leben in einem Dorf aufleben lassen (wie dies Thomas Hagenauer im Südwestfunk gezeigt hat). Die einzelnen Geräusche müssen da aber vom Moderator im Gespräch mit Gewährsleuten zuerst sorgfältig eingeführt, erklärt, also verbal mit Bedeutung angereichert werden. Erst dann können sie, als mehrminütige Atmosphäre zusammengefügt, für sich allein stehen. Sogar reine Geräusch-Collagen bekommen ihren Gehalt in entscheidendem Maß durch die Anmoderation, reine Musiksendungen *(Music while You Work)* durch den zweckbestimmenden Namen der Sendung und ihre Plazierung im Programm.

Seit es auf internationaler Ebene reine Nachrichtenkanäle auch im Fernsehen gibt, wird der verbale Charakter des Radios besonders deutlich: Im Radio ist es noch möglich, Attraktivität über eine Folge ständig aufgefrischter aktueller Nachrichtenbulletins zu erreichen; *Ereignisdaten* in verbaler Form. Das Fernsehen dagegen bemüht sich darum, nicht nur die Nachricht, sondern möglichst schnell neue *Bilder zu den Ereignisdaten* zu vermitteln. Diese können zur Not auch in sekundärer Beziehung zu den Ereignissen stehen (z. B. Landkarte, Archivbilder).

Es lässt sich aber auch eine andere Meinung vertreten: Nicht die verbalen Mittel seien Grundlage der Ausdrucksformen des Radios, sondern die Tatsache der medialen Vermittlung, unabhängig davon, ob es sich um sprachliche oder nichtsprachliche Zeichen handelt. Dies lässt sich mit Hilfe der künstlerischen Formen besonders gut belegen: Die Besonderheit eines Hörspiels liegt nicht darin, dass die Zuhörer gesprochene Szenen ohne Blickkontakt zu den Sprechern verfolgen, sondern dadurch, dass sie irgendwelche akustischen Botschaften elektronisch vermittelt bekommen. „Am Anfang des Hörspiels stand nicht das gesprochene Wort, sondern das telegraphisch übermittelte Zeichen. Die drahtlose Telegraphie bildete die wichtigste Voraussetzung der Entwicklung des Rundfunks und der an ihn gebundenen Gattung Hörspiel", argumentiert etwa Stefan Bodo Würffel (1978, 1). Nicht in den Manuskripten und ihrer sprecherischen Realisierung lag demnach das Neue, sondern in der elektronischen Übertragungsart und den damit verbundenen Besonderheiten der Rezeption. Das Radio ist, so verstanden, also nicht das Medium des gesprochenen Wortes, sondern das Medium verschiedenartiger akustischer Signale, die gleichzeitig von einem dispersen Publikum rezipiert werden. Radiosprache ist Sprache, die sich an diese isolierten, mehr oder weniger aufmerksamen HörerInnen wendet. Radiogeräusche sind Geräusche (oft akustisch extrem reduziert und durch den Minilautsprecher eines Kleinstgeräts wiedergegeben), die erst in dieser Verbreitungs- und Rezeptionssituation ihre Bedeutung bekommen.

Radio ist zunächst das *Medium des Sprechens*. Ein Radiotext mag in einem Manuskript festgehalten sein, seine endgültige – flüchtige – Gestalt bekommt er erst mit der Stimme desjenigen, der ihn liest. Und viele Radiotexte werden nie festgehalten, weder auf Papier noch auf anderen Speichermedien.

Dadurch, dass jeder Radiotext gesprochen werden muss, bekommt er eine persönliche Färbung, die über den individuellen Sprachstil geschriebener Texte hinausgeht. Ob aus einem Manuskript gelesen oder ad hoc frei formuliert wird – im Radio ist jeder Text mit einer bestimmten Stimme und in einer bestimmten sprecherischen Interpretation zu hören. Bei der Herstellung einer Radiosendung ist deshalb schon die Wahl der Stimme eine Interpretation des Textes. Und mit jedem gesprochenen Satz geht die Interpretationsarbeit weiter. Wer den Text dann hört, vernimmt ein Timbre, ein Tempo, eine Intonationsfolge usw. – Zusatzinformationen, mit denen das Verständnis des Textes beeinflusst wird.

Sobald im Radio ein Text vermittelt wird, tritt also der Kommunikator in Gestalt einer fassbaren Person auf. Damit stellt Radiosprache auf eine besondere, körperliche Weise den Kontakt von einem *Ich* zu einem *Du* her, sei es zwischen Kommunikator und Akteur oder zwischen Kommunikator und Rezipient. Für Klippert (1977, 85) ist das radiophone Wort deshalb „Sozietät stiftend": Schon am Einsatz der Stimme lässt sich in der Regel erkennen, ob eine Figur monologisiert oder ob sie eine zweite Figur anspricht. Die Stimme stellt aber nicht nur Beziehungen zwischen einzelnen Figuren her. Sie vermittelt auch Informationen über den Raum und den situativen Kontext (Klippert 1977, 105). Oft bedarf es nur eines einzigen Wortes, um zu zeigen, wer wo mit wem spricht.

So sehr die Konzentration des Radios auf den akustischen Bereich dem Text eine stimmliche Persönlichkeit verleiht, so sehr erleichtert sie aber auch die Loslösung des Textes von einem Autor. Das Autor-Ich verschwindet hinter dem Sprecher-Ich. Im Radio ist es zum Beispiel ohne weiteres möglich, einen *Vortrag des Biologen XY* zu hören, der aber von jemand anders gelesen wird. Ja sogar Kommentare, also Texte persönlicher Meinungsäußerung, werden gelegentlich so präsentiert, dass nicht der Autor, sondern ein professioneller Sprecher zu hören ist. Die Sprechweise muss dann so gewählt werden, dass sie zwei Aufgaben erfüllt: Sie muss der Sache gerecht werden und gleichzeitig zeigen, dass jemand einen Text nur vermittelt, nicht aber seine eigene Botschaft liest. Eine andere Konstellation – nämlich dass Texte eines ganzen Teams übermittelt werden müssen – hat zu der nüchternen Präsentation von Nachrichten geführt, die traditionell von Berufssprechern gesprochen wurden, die nicht Mitglieder der Redaktion waren (wobei die Sprechweise natürlich auch vom Anspruch der Objektivität der Nachrichtensendungen beeinflusst ist).

Das Zeichenmaterial

Eine extreme Form der Trennung von Autor und Sprecher zeigt sich in Fällen, wo Texte explizit als Fremdtexte deklariert werden: Polizeimeldungen oder andere zugelieferte Texte werden oft durchgehend in einer zitierenden Sprechweise (z. B. mit einer Zurücknahme des melodischen Akzentes und einer Betonung der temporalen Akzente) gesprochen, die deutlich macht, dass sich die lesende Person nicht mit dem Autor identifiziert, sondern eine Rolle der reinen, distanzierten Präsentation ausübt.

Mit verschiedenen Formen, das gesprochene Wort von der Person zu lösen, hat das experimentelle Hörspiel gespielt. Klippert (1977) spricht dabei vom „autonomen" im Gegensatz zum „personalen" Wort.

Klassischerweise ist die sprachliche Arbeit im Hörfunk auf zwei Berufsleute aufgeteilt: auf den Redakteur, der das Manuskript verfasst oder redigiert, und den Sprecher, der den Text dem Hörer vermittelt. Heutzutage ist es allerdings eine (öffentlich-rechtliche) Ausnahme, dass ein Sender SprecherInnen beschäftigen kann, die den journalistischen Texten erst Leben einhauchen. Sprecherinnen und Sprecher speziell für die Produktion einzelner Sendungen zu engagieren, ist teuer. Kein Zweifel, dass auf diese Weise perfektere Gesamtleistungen erbracht werden können (und für anspruchsvolle Features lohnt sich der Aufwand sicher). Aber die meisten Aufgaben im Bereich der alltäglichen Information werden heute von Radioleuten erbracht, die neben ihrer Kompetenz für den Inhalt (als LokaljournalistInnen, Musikfachleute usw.) auch eine gewisse ‚Mikrofontauglichkeit' mitbringen.

Dazu gehören Grundvoraussetzungen in den Bereichen Atmung, Stimmbildung, Artikulation und Textinterpretation. Sie werden vom Arbeitgeber meistens noch durch flankierende Sprechausbildung gestärkt (Häusermann/Käppeli 1984:1994, 128–143). Grundlegende Sprecherziehung aber, wie sie sich an einer Schauspielschule über mehrere Jahre erstreckt, kann das nicht sein. Der Schwerpunkt muss verstärkt auf der Textinterpretation liegen. Was in Atmung und Stimmbildung falsch angelegt ist, kann bei solcher nebenberuflicher Ausbildung erfahrungsgemäß nur in Ansätzen korrigiert werden. Damit hat sich auch das Selbstverständnis der Sprecherziehung gewandelt. Sie bildet nicht angehende SchauspielerInnen für die Bühne aus, sondern journalistische Berufsleute für das Sprechen vor dem Mikrofon. Und entsprechende Lehrbücher für den Medienbereich richten sich an gemäßigten bzw. schlicht anderen Standards aus als die Klassiker des Fachs. Auf diese Situation hin ist das Buch von Stefan Wachtel (1994:1995) geschrieben. Es zeigt deutlich, dass sich Sprecherziehung zuerst an den nichtprofessionellen Mikrofonsprecher wendet und dass sich das Selbstverständnis der Sprecherziehung unter den Voraussetzungen der journalistischen Medien gewandelt hat (Wachtel 1994:1995, 168–170).

Die paraverbale (sprecherische) Realisation eines Textes bewegt sich auf verschiedenen Ebenen. Als Beispiele seien hier die temporale und die melodische Gestaltung genannt.

Zu den *temporalen* Mitteln gehören Längen- und Kürzenverhältnisse und Tempovariationen, die den Sätzen und Abschnitten ihren Rhythmus verleihen. Es entstehen im Satz wie auch satzübergreifend Sinnschritte, die den Zuhörer erkennen lassen, aus welchen Strukturelementen sich der Text zusammensetzt. Diese Sinnschritte erfahren durch ihre *melodische* Gestaltung eine weitere Interpretationsleistung: Eine Passage kann z. B. einleitend oder abschließend, fragend oder feststellend gesprochen werden. Damit wird auch festgelegt, welches Wort „betont" wird, d. h. so herausgestellt wird, dass es das wichtigste, neueste in einem Gedankenschritt ist.

Die unterschiedliche Gewichtung der verschiedenen Ausdrucksmittel führt zu einem bestimmten Sprechstil. Beim Sprechen von Nachrichten zum Beispiel überwiegt oft die temporale Gestaltung über der melodischen. Es wird mehr mit Zäsuren, weniger mit Tonvariation gearbeitet, um eine neutralere Haltung des Sprechers zu suggerieren. ModeratorInnen im Begleitprogramm nehmen dagegen oft Zuflucht zu mehr Melodie, weil sie sich davon eine unterhaltsamere, persönlichere Wirkung versprechen. Vergessen werden bisweilen andere wichtige Faktoren, z. B. die Stimmgebung und die Nähe zum Mikrofon. Insgesamt zeigt sich gerade in der Begleitmoderation die Schwierigkeit, mit stimmlichen Mitteln beide Aufgaben gleich gut zu lösen: den Hörer persönlich (in einer guten Stimmung, die dem Format des Senders entspricht) anzusprechen und auch dem Thema gerecht zu werden.

Ein Beispiel aus den Anfängen des privaten Lokalradios in der Schweiz *(Radio 24)* kann dies illustrieren. Da wurde zum Teil mit sehr dynamisch gesprochenen Nachrichten experimentiert. Einzelne Sprecherinnen und Sprecher fanden dabei auch für Meldungen wie die folgende einen Ton, der nahe bei der anpreisenden Sprechweise von Werbespots lag:

> Ankara. Die türkische Polizei erhält mehr Vollmachten. Ein entsprechendes Gesetz hat das türkische Parlament in der Nacht auf heute verabschiedet. Der Abstimmung waren heftige Debatten vorausgegangen. Die oppositionelle Populistische Partei warf der Regierung vor, einen Polizeistaat zu schaffen mit dem neuen Gesetz. [...]

Dadurch, dass die Sprecherin darauf verzichtete, den Text ernst (oder auch, wie bei Nachrichten im öffentlichen Radio üblich, neutral-distanziert) zu lesen, schuf sie eine besondere Kommunikator-Akteur-Beziehung. Ihre lockere, auf Tempo ausgerichtete Sprechweise nahm z. B. dem Begriff *Polizeistaat* vieles an Schärfe, zeigte, dass der Sachverhalt weniger ernstgenommen wurde als die Unterhaltungsfunktion, die die Beziehung Kommunikator-Rezipient bestimmte.

Wir haben uns der Radiosprache von der akustischen Seite her genähert. Im Zentrum steht aber natürlich ihr *verbaler Gehalt* – die Wörter, die Sätze, die Texte – kurz all das, was von einer Sendung übrigbliebe, wenn man ihren Inhalt in Schriftform transkribieren würde.

Obwohl Sprache im Hörfunk immer von jemandem gesprochen wird, ist sie nicht gesprochene Sprache im eigentlichen Sinne. Sie bedarf zwar einer Stimme, um überhaupt ihre Existenz zu finden, aber sie kann trotzdem viele Merkmale geschriebener Sprache bewahren. Dies wird oft genug durch Radio-Manuskripte bewiesen, deren Stil sich nicht von einem Zeitungs- oder Buchstil unterscheidet. In der Nachfolge von Ong (1982:1996) spricht man deshalb häufig von sekundärer Oralität, einer Mündlichkeit, die in einer Schriftkultur neu entwickelt wurde. Dies ist ganz konkret anhand von Informationsbeiträgen nachzuempfinden, die zwar von ihren AutorInnen gesprochen werden, die aber auf der Basis schriftlichen Recherchematerials entstanden sind (und denen man das auch anmerkt) (Holly 1995).

Der Begriff von der sekundären Oralität müsste aber für das elektronische Medium weiter differenziert werden. Er ist zu allgemein, wenn er das breite Spektrum von der Verlautbarungssprache der Nachrichtensendungen bis zur spontan klingenden Sprechsprache der Talkshows erfassen soll.

Gemeinsamer Nenner dieser verschiedenen Sprachformen ist weniger ihre Nähe zur Schriftlichkeit als zu Texten des Veröffentlichens. Sprache im Radio, auch wenn sie sehr spontan klingt, wird im Bewusstsein der Zugänglichkeit für einen größeren Kreis produziert. Dies führt zwar *auch* zu einer Orientierung an der Schriftlichkeit; denn es sind schriftliche Kontexte, in denen die Normen für öffentliches Formulieren gesetzt und geübt wurden. Aber ebenso wichtig ist die Orientierung an den für die Öffentlichkeit üblichen akustischen Formen: an der Stimmgebung, an der Artikulation, am Sprechtempo. Elemente des Redens für die Öffentlichkeit sind noch in den spontansten Talkshows zu erkennen: Die Sprecher tendieren dazu, lauter und deutlicher zu reden. Sie halten die grammatikalischen Regeln eher ein, verwenden ein Vokabular, das von einer größeren Gruppe verstanden und akzeptiert wird, sie strukturieren ihre Redebeiträge klarer. Insgesamt handelt es sich um eine Sprache, die formeller, stärker an allgemein akzeptierten Normen ausgerichtet ist als die Sprache des privaten Alltags (Häusermann/Käppeli 1986:1994, 16–19).

Bestimmend für die Sprache des Radios sind auch die Normen der *Standardsprache* (im Gegensatz zu Mundart). Für die Hörfunkprogramme vieler Länder ist es selbstverständlich, dass diejenige Variante der Muttersprache verwendet wird, die in öffentlichen Situationen üblich ist. Mundartliches ist deshalb wenig zu hören – und wenn, dann in speziell ausgewiesenen Sendungen. In der deutschsprachigen Schweiz allerdings, wo die Mundart die Umgangssprache ist, werden praktisch alle radiojournalistischen Formen auch in Mundart produziert. Gerade hier sieht man deutlich, dass es sich nicht um die gleiche Sache handelt wie im gesprochenen Alltag, sondern um mundartliche Sprachformen, die speziell für die radiojournalistische Situation entwickelt wurden (Ramseier 1988).

Für die verschiedenen kommunikativen Funktionen sind innerhalb dieser Sprache unterschiedliche *Stile* entstanden. Es gibt eine große Bandbreite zwischen der offiziösen, agenturnahen Nachrichtensprache bis zur umgangssprachlichen Moderation von Jugendmagazinen, von den literarischen Formen, wie sie im Hörspiel möglich sind, ganz zu schweigen. Zudem bekommen die gleichen Handlungen (z. B. Musikmoderation) in verschiedenen Programmen ihr eigenes Gepräge. Ein und dasselbe Jazz-Stück kann im seriösen Programm *S2 Kultur* völlig anders anmoderiert werden als im lockeren Begleitprogramm *SWF 3*. Interessanter ist, dass über die Jahrzehnte hinweg Veränderungen im Sprachstil festzustellen sind. Besonders ohrenfällig ist dabei der Bereich Wetterbericht und Wetterprognose. In vielen deutschsprachigen Programmen hat sich das frühere Anhängsel an die Nachrichtensendungen zu einem eigenständigen Beitrag entwickelt: Eine namentlich benannte Person präsentiert einen subjektiv gefärbten Text, oft auch im Dialog mit dem Moderator, mit vielen umgangssprachlichen Elementen, mit bildhaften Vergleichen und verbalen Satzkonstruktionen. Auch in vielen Fällen, wo die Wetterprognosen im Rahmen der Nachrichtensendung belassen wurden, ist der Stil entsprechend aufgeweicht. Er steht in krassem Gegensatz zur traditionellen Sprachgestalt der Wetterberichte, die oft direkt von einer staatlichen Anstalt übernommen wurden und sich an einer wissenschaftlichen Terminologie mit ihren substantivischen Satzkonstruktionen orientierten. Diese Entwicklung ist sicher als Anpassung an die Wetter-Shows des Fernsehens zu verstehen. Sie kann aber auch als Zeichen dafür gewertet werden, dass Texte, die ursprünglich als reine Informationstexte präsentiert wurden, in ihrem unterhaltenden Potential erkannt wurden. Das Wetter, im Alltagsgespräch ein klassisches Thema der Verstärkung von Kontakt- und Beziehungsfunktion, dient nun auch im Radio dazu, die Bindung zwischen Kommunikator und Rezipient zu verstärken.

Intensiver diskutiert wurde und wird die rezipientenbezogene Gestaltung der Radiosprache auf der Sachebene: Linguisten wie Sprachkritiker haben die *Verständlichkeit* von Hörfunktexten seit jeher besonders wichtig genommen.

Dass sich Hörfunkkommunikation auf einen einzigen Kanal, den akustischen, beschränkt, kann zunächst durchaus als Vorteil gesehen werden. Der Rezipient, der eine Hörfunkbotschaft verstehen will, hat die Möglichkeit, sich besser zu konzentrieren (und beispielsweise während des Zuhörens die Augen zu schließen). Auch die Gefahr, dass die intendierte Information von gleichzeitig gesendeter anderer Information Konkurrenz bekommt, ist im Medium nicht angelegt. Der Hörer kann nicht wie beim Fernsehen von einer Ton-Bild-Schere irritiert werden. Allerdings fehlt auch die Möglichkeit, die akustischen Informationen durch Informationen auf anderen Kanälen zu unterstützen, so wie im Fernsehen die akustischen und optischen Informationen einander stützen können oder wie auch in der persönlichen Kommunikation die mimischen und gestischen Informationen das Verständnis der verbalen Informationen sichern.

Gemeinsam mit dem Fernsehen hat der Hörfunk aber die ‚Flüchtigkeit' seiner Botschaften. Die Geschwindigkeit der Rezeption liegt (im Gegensatz zum Zeitunglesen) nicht in der Hand des Hörers. Wer etwas einmal nicht gehört oder nicht verstanden hat, kann nicht innehalten und „zurückblättern". Daraus ergibt sich als neues Beschreibungskriterium (zusätzlich etwa zur publikumsgerechten inhaltlichen Verständlichkeit) die Frage nach der Hörverständlichkeit (hierzu Häusermann/Käppeli 1986:1994).

Kriterien der Verständlichkeit in diesem Sinne betreffen v. a. die *syntaktische Gestalt* der Texte. Linear konstruierte (nicht verschachtelte) Sätze mit wenig neuer Information kommen dem Hörverständnis eher entgegen als komplexe Sätze. Die Verwendung einfacher Satzstrukturen verhindert, dass beim Zuhören zu lange Einheiten gespeichert werden müssen, und ermöglicht so eine leichtere Verarbeitung der Inhalte. Analoges gilt auf satzübergreifender Ebene: Texte, in denen die Informationen *linear angeordnet* sind, sind ebenfalls leichter zu verstehen als Texte, die nach komplexeren Mustern aufgebaut sind.

Verständnisfördernd wirkt zudem gezieltes Herstellen von *Redundanz:* Einzelne Teilinformationen werden wiederholt oder reformuliert. Dies kann auf der Satzebene (z. B. durch Verzicht auf Wortvariation) oder auch auf Textebene (z. B. durch Wiederholen einer Schlüsselaussage) geschehen. Ähnlich können *motivierende Elemente* die Informationsleistung einer Sendung unterstützen. Das können gezielt eingesetzte unterhaltende Botschaften sein, aber auch musikalische Trennelemente, mit denen die Botschaften auf der rationalen Ebene durch Signale, die die Emotionen ansprechen, ergänzt werden. In der sprachkritischen Argumentation wird deshalb das Ziel der Verständlichkeit mit dem Ziel der Attraktivität gepaart. Die beiden Ideale gehen dabei ineinander über: Ein attraktiver Text kann verständlicher sein, ein verständlicher attraktiver. (Besonders betont wird der Motivationsaspekt bei Lutz/Wodak 1987.)

Auf der inhaltlichen Ebene wird das Verstehen unterstützt, indem die *Bekanntheit* von Begriffen und Aussagen genutzt wird. Wörter, die nicht zum Wortschatz des Zielpublikums gehören, werden vermieden oder adäquat erklärt. Themen, die dem Zielpublikum nicht vertraut sind, werden mit Erklärungen versehen, die helfen, neue Aussagen zu verarbeiten.

Auf der Sendungs- und Programmebene wird Verständnis durch *Orientierung* im zeitlichen Ablauf erreicht. Programmansage und Moderation erlauben als metakommunikative Beiträge, dass der Hörer sich in der Gesamtheit der Inhalte orientiert. Auch außerhalb des Mediums kann Verstehen in diesem Sinne unterstützt werden: Programmzeitschriften beispielsweise bieten dem Zuhörer den Überblick, den ein zeitunabhängiges Medium wie die Tageszeitung durch Inhaltsverzeichnisse und andere Hinweistexte selbst liefern kann.

5.1.3. Nichtverbale Mittel: Geräusche, Atmosphäre

Längst nicht alle Information im Radio ist sprachlich. Nichtsprachliche Elemente können auch in einer verbalen Umgebung wichtige Funktionen haben. Da jedes Geräusch auf eine von vielen möglichen Arten zustande gekommen ist und da jedes Geräusch bearbeitet ist, enthält es auch eine Perspektive. Verstärkt wird dies durch den unmittelbaren Kontext. Innerhalb eines Beitrags zu einem medizinischen Thema z. B. kann ein kurz angespieltes Geräusch eine zentrale Information vermitteln (z. B.: „Dieses Knacken im Nacken ist ein Zeichen dafür, dass die Halswirbel schlecht geschmiert sind"). Nichtsprachliche Zeichen sorgen auch für Stimmung und Authentizität. So z. B. im folgenden Korrespondentenbeitrag aus dem südlichen Afrika. Dass während der ersten Sekunden nicht der Autor zu hören ist, verstärkt den dokumentarischen Charakter des Beitrags eines aktuellen Magazins: Stimmen in einiger Distanz und rhythmische Geräusche leiten ihn ein. Sie werden nur kurz angespielt, dann zurückgeblendet. Der Korrespondent nimmt aber in seinen ersten Sätzen darauf bezug, lässt damit diesen nichtverbalen Anfang als Kulisse nachwirken:

> Frauen stampfen Maiskörner zu Mehl in Chibabawa, einem kleinen Distriktort im Zentrum von Mozambique. Unter einem Baum haben sie eine Küche eingerichtet, die Nahrung wurde vom Internationalen Roten Kreuz verteilt. (DRS 1, 28.11.1992)

Der Hauptteil des Beitrags ist Bericht zur aktuellen Lage; der ‚szenische Einstieg' beschränkt sich auf diese wenigen Sätze. Für einen Zeitungsartikel wäre das zu wenig, sie würden aufgesetzt wirken. Im Radio, zusammen mit den Geräuschen, reichen sie aus, um den Rezipienten an einen Schauplatz zu bringen und die folgenden abstrakteren Informationen mit konkreter Erfahrung zu verknüpfen.

Die nichtverbalen Mittel (Klippert 1977, 49–63, unterscheidet entsprechend ihrer physikalischen Beschaffenheit zwischen *Ton* und *Geräusch*) müssen also nicht immer nur Begleitelemente sein – etwa der heulende Wind im Kriminalhörspiel. Sie können durchaus Botschaften wiedergeben, für die sonst ganze Sätze notwendig wären (die Beschreibung des Knackens im Hals) oder illustrierende und dokumentierende Funktionen übernehmen (wie bei den Geräuschen vom mosambikanischen Dorf). Geräusche haben oft in sehr sparsamen Dosen eine beachtliche Wirkung. Sie brauchen nur zwei, drei Sekunden angespielt zu werden, um eine Szene zu situieren. Klippert (1977) betont daher mehrmals, dass bei der Hörspielarbeit es nicht nötig ist, Geräusche nur naturalistisch, als Geräuschkulisse, einzusetzen. Hinzu kommt sogar, dass Geräusche, die im Studio hergestellt wurden, besser funktionieren können als vor Ort erjagte. Eine natürliche Geräuschkulisse hat oft den Nachteil, dass sie zu vielschichtig ist. Die unterschiedlichsten Geräusche überlagern einander. Ein einzelnes, das eventuell im Studio produziert werden muss, kann die komplexe Situation oft schneller und eindeutiger erfassen (Klippert 1977, 59).

Als *Atmo* (Atmosphäre, auch *Ambiance*) bezeichnet man Geräusche dann, wenn sie (oft in Verbindung mit einem typischen Raumklang) dazu verwendet werden, eine Szene zu untermalen. Aber das Geräusch braucht nicht sekundären Absichten zu dienen, obwohl es traditionellerweise „literarischen oder musikalischen Absichten untergeordnet" wird (Klippert 1977, 62). Als *Originalton* eingesetzt, hat es sehr oft Beweis- oder Dokumentationsaufgaben zu erfüllen. Es gibt aber viele weitere Funktionen, die ein Geräusch – besonders im Hörspielbereich – übernehmen kann. Klippert (1977, 59–61) demonstriert dies anhand eines einzigen Beispiels, des Klapperns einer Schreibmaschine. Es kann als Element der Interpunktion wirken, also unterschiedliche Textpassagen voneinander trennen. Es kann eine vorangegangene Szene kommentieren. Es kann auf eine kommende Szene vorausdeuten usw. Insgesamt sind alle Möglichkeiten da, die im verbalen Bereich die rhetorischen Figuren eröffnen. Das Geräusch kann aber auch zum Dialogpartner einer Figur werden oder sogar für sich allein eine ganze gesprochene Szene ersetzen.

In vielen Hörspielen und Features übernehmen Geräusche wenigstens zeitweise die Hauptrolle. Oft ist ein Rollenwechsel zu beobachten: Eine akustische Szenerie wird so lange durchgehalten, ohne von Worten unterbrochen zu werden, dass der nichtverbale Ton zu einer selbständigen Figur wird. Erst nach einiger Zeit übernehmen verbale Informationen die Hauptrolle und die nichtverbalen treten in den Hintergrund.

Zu selbständigen Zeichen, ohne Konkurrenz durch das Wort, werden Geräusche und Klänge in der Collage. Die Qualität der einzelnen Signale und ihre Abfolge formen eine Ad-hoc-Sprache, deren Verständnis sich zum Teil aus der außermedialen Erfahrung, zum Teil aus der Kenntnis anderer hörfunkspezifischer Verwendung, zum Teil aus der Sendung selbst erschließt. Vowinckel (1995) demonstriert z. B. anhand von Walter Ruttmanns Collage *Weekend* aus dem Jahr 1930 den musikalischen Charakter von Geräuschen.

5.2. Sendeformen: Szenen der Begegnung von Kommunikator, Akteur und Rezipient

Aus dem ‚Grundmaterial', aus den Geräuschen, Klängen und Worten, entstehen abgeschlossene Texte. Sie werden als *Beiträge* bezeichnet, wenn sie zusammen mit ähnlichen Elementen zu einer übergeordneten Einheit zusammengefasst sind (z. B. als Beiträge eines Magazins), oder als *Sendungen (Specials),* wenn sie für sich stehen und auch entsprechend präsentiert werden. Die verschiedenen Typen werden als *Sendeformen* oder auch *Genres* oder *Gattungen* zusammengefasst.

Die Einteilung der Sendeformen wird meist entsprechend traditionellen journalistischen Gesichtspunkten vorgenommen: in Nachrichten, Berichte, Reportagen usw. Viele journalistische (und auch künstlerische) Formen des Radios sind denn auch nicht radiotypisch. Sie sind oft in Anlehnung zu denjenigen bisheriger Medien übernommen und mehr oder weniger stark angepasst worden. So gab und gibt es auch im Hörfunk den Bericht, den Kommentar, die Glosse, das Interview und so weiter. Ganz am Anfang standen aber auch Anleihen bei der direkten öffentlichen Kommunikation, etwa beim Vortrag, beim Konzert, beim Bunten Abend und anderen Bühnenereignissen. Im Radio der Weimarer Republik waren anfänglich bis 20% des Gesamtprogramms Vorträge (Schumacher/Halefeldt im Druck), also Sendungen, die eine traditionelle Form mündlicher Bildungsvermittlung ins neue Medium brachten. Diese Gattung war den Hörfunkverantwortlichen der ersten Stunde so wichtig, weil sich ihr Selbstverständnis von dem der heutigen publizistischen Kommunikatorrolle unterschied. Die Kommunikatororganisation jener Zeit sah sich eher als Veranstalterin für Bildungsangebote denn als Anbieterin selbst recherchierter Inhalte. Solange sich die Verantwortlichen größtenteils auf der Seite des Bildungsbürgertums sahen, brauchten sie auch keine eigene, davon verschiedene Position zu suchen. Allerdings darf der Begriff des Vortragswesens nicht so missverstanden werden, dass der Rundfunk nur bereits existierende Vorträge übernommen hätte. Vielmehr wurden Autoren mit der Ausarbeitung radiogerechter Texte betraut, und ihnen wurde schon sehr früh geraten, wie sie sich den Besonderheiten des Mediums anzupassen hätten (Schumacher/Halefeldt im Druck).

Von der privaten Kommunikation dagegen ließ sich der Hörfunk erst in einer späteren Phase inspirieren, als bei bereits existierenden Formen (z.B. beim Interview) intimere Themen und Sprechweisen ausprobiert wurden. Und neuere Formen, z.B. das Telefongespräch mit dem Hörer, orientierten sich an ihren alltäglichen, nichtöffentlichen Vorbildern.

Sendeformen des Radios werden in den gängigen Darstellungen kaum je nach einem einheitlichen Prinzip charakterisiert. Meistens belässt man es bei einzelnen auffälligen Merkmalen. Man beschreibt z.B. das Interview anhand seiner Kommunikator-Akteur-Konstellation, die Nachricht aber aufgrund des Kommunikationsziels des Kommunikators und der aktuellen Thematik. Viele publizistikwissenschaftliche Autoren behelfen sich mit einer sehr globalen Einteilung journalistischer Texte anhand der dominierenden Handlungsform in informierende, meinungsäußernde und unterhaltende. Die Überprüfung am Beispiel zeigt dann aber in vielen Fällen, dass ein Text nicht auf ein einziges solches Ziel reduziert werden kann, es sei denn, es handle sich um eine kurze Nachrichtenmeldung. Oft konkurrieren mehrere sprachliche Handlungen.

Mindestens so wichtig wie die wesentlichen sprachlichen Handlungen eines Textes sind seine *intertextuellen Bezüge*. Die einzelne Nachrichtenmeldung z.B. ist immer Teil einer fortgesetzten Berichterstattung, verweist auf vorangegangene und kommende Nachrichtensendungen. Der einzelne Bericht nimmt immer bezug auf bisherige Darstellungen zum Thema, er vertieft eine Nachricht oder ergänzt Informationen aus anderen Medien oder reißt ein Thema an, das in anderen Texten und anderen Medien weitergeführt werden soll.

Im folgenden werden wir auch die *Rollenverteilung* beachten, also die Beziehungen von Kommunikator, Akteur und Rezipient im Text. Vorgestellt werden sollen einige Formen, die das Radio entweder entwickelt oder für die eigenen Zwecke adaptiert hat.

5.2.1. Nachrichten: Bürokratische Information mit raschen Updates

Die kurzen, aktuellen Meldungen, aus denen die Nachrichtensendungen zusammengestellt sind, werden oft als Grundeinheit journalistischer Information gesehen. Sie lassen sich definieren als „kurzgefasste, sachbezogene Informationen über einen relevanten, meist allgemein interessierenden, aktuellen Sachverhalt, der für die Empfängerinnnen und Empfänger ganz oder teilweise neu ist" (Häusermann/Käppeli 1986:1994, 155).

Von der Rollenverteilung her können Nachrichten als *Miniatur-Erzählungen* gesehen werden, in denen die Hauptinformationen der Erzählperspektive des Kommunikators untergeordnet ist. Im Vergleich etwa zum Bericht mit O-Ton fehlt das dialogische Element fast ganz. Der Akteur tritt, wie das Beispiel weiter unten zeigen wird, nicht in eigenen Äußerungen, sondern vielmehr über sehr indirekte Zitierweisen auf. Präsent wird der Akteur eher durch Anpassung an seinen Sprachstil als etwa durch eigenständige Zitate.

Nachrichtensendungen sind Konglomerate von kurzen Texten. Ihr wichtigstes Merkmal ist ihr Seriencharakter. Sie bekommen ihre Aktualität dadurch, dass sie über den Tag verteilt sind; meistens werden sie stündlich oder halbstündlich ausgestrahlt. Die einzelnen Meldungen werden gewöhnlich mehrmals am Tag mit kleinen Veränderungen wiederholt oder mit neuen Informationen aktualisiert.

Nachrichten unterscheiden sich von Alltagserzählungen durch einen schematischen Aufbau und eine dichte Informationsstruktur, die sich vom Erzählen in übrigen Situationen (Alltag, Literatur) stark unterscheidet. Dies entspricht der Art der Ereignisse, die zu einem großen Teil als unspektakulär bezeichnet werden können. (Dass sie dennoch gemeldet werden, beruht auf den ‚Nachrichtenwerten', die als Produkt einer Übereinkunft von Kommunikator und Rezipient bezeichnet werden können. Demnach sind bestimmte Veränderungen in der Politik, zum Beispiel die neuesten Parlamentsvoten in der Beratung des Haushalts, nachrichtenwürdig, andere, z. B. Diebstahl einer Siamesenkatze sind es nicht – es sei denn, der Bestohlene oder der Dieb oder die Katze gehöre zur Prominenz.)

Die meisten Nachrichteninhalte haben Routinecharakter; sie beziehen sich auf angekündigte Ereignisse, deren Ablauf voraussehbar ist (Luchsinger 1983). Routinecharakter hat auch gewöhnlich die Form der Nachrichtensendung. Im Gegensatz zur schon weitaus dialogischeren Gattung des Berichts mit O-Ton (s. unten) kommt der Akteur fast nur in Formulierungen des Kommunikators vor, der als Erzähler auftritt und die Handlungen und Äußerungen des Akteurs in seinen Worten (indirekte Rede statt Originalton) wiedergibt. Typisch dafür ist die folgende Kurzmeldung. Das zentrale Ereignis war längere Zeit voraussehbar. Es war ein Tagesordnungspunkt, der zuerst vereinbart und angekündigt werden musste: die Rüge einer internationalen Organisation gegenüber einem ihrer Mitglieder.

> Genf. Die UNO hat Israel vorgeworfen, das Abkommen gegen Folter zu verletzen. Kritisiert wurden vor allem die Verhörmethoden bei mutmaßlichen Terroristen. (DLF, 9.5.1997)

Nachrichtentypisch sind schon die Akteure: Die Organisation UNO und der Staat Israel (und nicht etwa Folterer und Gefolterte). Nachrichtentypisch ist auch die starke Einordnung der Handlung in das Erzählkonzept des Kommunikators: Statt in Originalaussagen oder Zitaten kommen Aussagen von Akteuren nur als indirekter Redebericht vor. Damit wird das, was in einer herkömmlichen Erzählung in aktiven Sätzen gesagt würde, komprimiert, etwa durch Infinitivkonstruktionen („... das Abkommen zu verletzen") und substantivische Reduktionen („die Verhörmethoden bei mutmaßlichen Terroristen"). Dies bringt allerdings den Stil wieder in die Nähe des Akteurs und weit weg vom alltagssprachlichen Stil der meisten Rezipienten. Die genannten sprachlichen Konstruktionen sind nah beim bürokratischen Stil politischer Akteure. Für ihn kennzeichnend ist (im Gegensatz zu den üblichen journalistischen Idealen), dass sie die betroffenen Menschen in den Hintergrund rückt (Häusermann 1993, 49–75).

Die Gestaltung von Radionachrichten ist ein Balanceakt zwischen dem (eher auf die politischen Akteure ausgerichteten) Programmauftrag und den Vorgaben des (auf den Rezipienten ausgerichteten) Formats. Mautner (im Druck) zeigt die Gefahr auf, dass mit zu seriösen, zu ausführlichen Sendungen ein Format-Loch entsteht und die dem Hörer versprochene Kontinuität des Programms gefährdet wird. Nachrichten unterstützen zwar die Strukturierung, ohne die ein Format keines wäre, sie lassen sich aber nicht leicht in den senderspezifischen Stil einpassen. Sanfte musikalische Übergänge am Anfang und Ende sowie Zwischenmoderationen und Auflockerung durch ‚Soft News' können solche unerwünschten Kontraste mildern.

Die stündliche Programmierung von Nachrichten ist für viele Programme in Europa erst seit den 1960er und 1970er Jahren eine Selbstverständlichkeit. Ich erinnere mich noch gut an den Besuch einer Bekannten aus den USA Mitte der 1960er Jahre, die ich als Schweizer Gymnasiast über das dortige Radioprogramm befragte. Sie erzählte, dass es nicht nur Sender mit stündlichen, sondern auch solche mit halbstündlichen Nachrichten gebe. Ich staunte. Unser heimisches *Radio Beromünster* strahlte damals noch (bis Januar 1966, vgl. Pünter 1997, 201) nur vier Nachrichtensendungen aus, und dabei nicht einmal in eigener Regie produzierte, sondern von der *Schweizerischen Depeschenagentur* redigierte und gesprochene „Bulletins".

Mit vier Nachrichtensendungen war man in der Schweiz fast drei Jahrzehnte lang ausgekommen. Es war die Zahl, die kurz vor dem Zweiten Weltkrieg beschlossen worden war. Zuvor hatte es lediglich Mittagsnachrichten und Abendnachrichten gegeben. Die bescheidene Zahl war in Verhandlungen zwischen der *Schweizerischen Rundspruchgesellschaft* und den Zeitungsverlegern erzielt worden, die befürchtet hatten, Abonnenten zu verlieren. Ein *Abkommen über drahtlose Nachrichtensendungen an alle* beschränkte deshalb die Zahl der täglichen Nachrichtenbulletins auf eines zwischen 13 und 14 Uhr und ein anderes zwischen 21 und 22 Uhr. Bestimmt wurde aber auch, dass die Nachrichten von einer Agentur mit Sitz in der Schweiz bezogen werden (nämlich der *Schweizerischen Depeschenagentur*) und so gehalten sein mussten, dass sie „das Interesse der Hörer anregen, aber nicht erschöpfen, sondern sie veranlassen sollten, in den Zeitungen ein Mehreres zu suchen" (Pünter 1971, 18–19). Erst 1939 fanden es die Radiogesellschaften an der Zeit, eine dritte und vierte Sendung hinzuzunehmen. Man betrachtete „die sofortige Einführung eines Spätnachrichtendienstes und eines Frühdienstes als das Minimum dessen, was im Interesse der Landesverteidigung getan werden muss" (Pünter 1971, 67).

Die Geschichte des Seriencharakters der Nachrichtensendungen ist also nicht nur die Geschichte der Veränderung des Hörfunks zum wichtigsten Medium für die aktuelle Information, sondern auch die Geschichte der Medienkonkurrenz. Das heutige Radio mit seinen regelmäßigen Nachrichten sieht sich dagegen weniger in Konkurrenz als im Verbund mit Printmedien, die später und vertiefend informieren.

Wenn heute reine ‚News-Channels' ihre Nachrichten im 15-Minuten-Rhythmus oder noch schneller aktualisieren, dann spiegelt dies eine weitere Differenzierung wider. Die einzelnen Programme eines Anbieters, z.B. *Bayern 1, 2, 3, 4* und *5*, haben sich spezialisiert. Sie wenden sich an unterschiedliche Publika mit unterschiedlichen Bedürfnissen, und einige von ihnen sind extrem serviceorientierte Programme geworden. *Bayern 1* und *Bayern 3* wenden sich an ein breites Publikum mit unterschiedlichem Musikgeschmack, *Bayern 2 Wort* und *Bayern 4 Klassik* an „anspruchsvolle Minderheiten" in unterschiedlichen Zielgruppen (Emrich 1996, 161). *Bayern 5* kann man zu einer beliebigen Tageszeit einschalten und man wird nach weniger als einer Viertelstunde eine fünfminütige Nachrichtensendung hören können.

Aber das Radio forciert nicht nur die regelmäßige aktuelle Information mit kurzen ‚Flashes'. Es legt auch viel Energie in den Ausbau von Schwerpunkt-Nachrichten, sogenannten Journalen. Diese sind angereichert mit kurzen Korrespondentenberichten oder auch Interviews und werden wie Magazine moderiert, manchmal auch von zwei ModeratorInnen.

5.2.2. Bericht mit O-Ton: Kommunikator und Akteur im Zusatztext

Die Sendeform Bericht kann Nachrichtencharakter haben, umfasst aber, weil sie länger ist als eine Nachrichtenmeldung, bereits eine Kombination von Handlungen: Ein Bericht meldet nicht nur, sondern vertieft auch oder illustriert das Ereignis. „Der Bericht ist ein Zwillingsbruder der Nachricht, aber größer geraten und auch schon ein wenig reifer." (LaRoche 1975:1985, 131). In Berichten gelingt es auch leichter als in Nachrichtenmeldungen, statt einmaliger Ereignisse Zustände oder Entwicklungen zum Thema zu machen: „Immer mehr Bürger betrügen ihre Versicherung" eignet sich als Hauptaussage eines Berichts und nur bedingt als Hauptaussage einer Nachricht. Da müsste dieselbe Aussage einem administrativen Ereignis untergeordnet werden: „Der Bundesverband der Versicherungsgeschädigten hat an einer Pressekonferenz dokumentiert, dass ..."

Der typische aktuelle Radiobericht ist ‚gebaut' oder ‚gestaltet'. Damit ist gemeint, dass zur Stimme des Kommunikators die Stimme eines oder mehrerer Akteure in Form von Originaltönen („O-Tönen") hinzukommt. Der *gebaute Beitrag* oder *Bericht mit O-Ton* ist Standard-Element eines Informationsmagazins. Er ist ein Text mit Zusatzfunktion; er steht vor allem in einem engen Verhältnis zur Nachrichtenmeldung. Und er ist ein Text, der Akteure auftreten lässt, und zwar in Sequenzen, die aus anderen Texten stammen.

Diese Originaltöne haben die Funktion von Zitaten. Aber vom herkömmlichen Zitat im geschriebenen Medium unterscheiden sie sich schon durch den Sprecherwechsel: Man hört nicht mehr den Berichterstatter, sondern die Stimme des Akteurs. Der O-Ton wird deshalb oft als besonders authentisch bezeichnet. Dennoch sind Originaltöne immer *bearbeitet*. Sie sind insbesondere fast immer Ausschnitte aus längeren Aufnahmen und sie sind ebenso ‚gemacht' wie das übrige Tonmaterial des Radios.

Originaltöne haben ihre eigene Geschichte. Sie sind zu einer bestimmten Zeit an einem bestimmten Ort von einer bestimmten Person geäußert worden und werden im Beitragstext auch entsprechend *identifiziert*. Im Gegensatz zu anderen Einspielungen (zum Beispiel Atmos, die nur eine Stimmung vermitteln sollen, oder Musik von einer CD, die mit Kommentarfunktion eingesetzt wird) gehört zur Information über den O-Ton die Angabe, wann und wo er aufgenommen wurde. Dies geht meistens aus dem Ereignis hervor, muss aber oft auch (bei nicht tagesaktuellen Beiträgen) explizit gesagt werden. (Auch ein Geräusch kann damit von der Atmo zum O-Ton werden: „Dies ist die Schiffsglocke der MS Josephine bei ihrer Einfahrt in den Hafen von Freetown." – Und das gleiche gilt für Musik: „Dies ist Peter Green bei seinem Auftritt im Tübinger Sudhaus am 15. April 1998.") Damit eine Tonsequenz zum O-Ton wird, muss sie deshalb mit Informationen über seine Entstehung in den Text *eingebettet* werden.

Dem widerspricht nicht die Tatsache, dass O-Töne in der Regel *ad hoc* entstehen. Kommunikator und Akteur führen ihr Gespräch im Hinblick auf den betreffenden Beitrag. Das Gespräch dient keinem anderen Zweck, die Aufnahme wird recycelt und steht bald nicht mehr zur Verfügung, um den ursprünglichen Kontext zu überprüfen. Das unterscheidet den O-Ton nochmals deutlich vom herkömmlichen Zitat. Während dieses auf einen Text verweist, der zu anderen Zwecken entstanden ist und den der Rezipient selbst konsultieren könnte, verweist der Originalton meist auf einen Text, der nur für den Zweck des Zitiertwerdens hergestellt wurde.

Daneben gibt es natürlich in vielen Radioproduktionen auch Einspielungen aus öffentlich zugänglichem Material, etwa aus einem Vortrag oder aus einer Podiumsdiskussion. Sie sind also für die Öffentlichkeit (die den Journalisten einschließt) inszeniert worden. Diese O-Töne demonstrieren eine völlig andere Kommunikator-Akteur-Konstellation: Das Mikrofon des Kommunikators war nur beobachtend dabei, hat Äußerungen aufgenommen, die sich an andere richteten. Hinzu kommen Zuspielungen, die scheinbar unabhängig von der Öffentlichkeit entstanden sind. Der Radiojournalist hat sie als „Tonjäger" ergattert und hat sich unter Umständen erst nachträglich (oder gar nicht) bei den Akteuren um die Zustimmung zur Veröffentlichung bemüht.

So kurz die O-Töne auch sein mögen, so deutlich enthalten sie noch Elemente der ursprünglichen *Dialogsituation*. Auch wenn in der Sendung nichts weiter über die Entstehung des O-Tons gesagt wird, so tritt er doch als Äußerung auf, die der Akteur zum Radiojournalisten getan hat, bzw. in einer öffentlichen Situation zu seinen Adressaten. Der O-Ton trägt noch im Beitrag entsprechende *metakommunikative* Information. Er lässt zu einem gewissen Grad erkennen, wie der Text entstanden ist.

Dies zeigen Beispiele wie das folgende deutlich. Im aktuellen Magazin (*SDR 3 aktuell,* von 12 bis 13 Uhr) meldet sich ein Reporter von den sogenannten Chaos-Tagen. Es ist Samstag mittag. Punker und Polizisten haben sich nachts zuvor in Hannover Straßenschlachten geliefert. Der Journalist kann von einer ruhigen, aber gespannten Lage berichten, die davon gekennzeichnet ist, dass die Polizisten alle Menschen, die sie als Punker erkennen, aus der Stadt geleiten, und dass die NormalbürgerInnen Angst haben:

[...] Viele Geschäfte haben geschlossen, schwere Rolläden oder Bretter schützen die Auslagen in den Schaufenstern. Einige Supermärkte haben aus Angst vor Plünderungen gar nicht erst geöffnet. Einige Ladenbesitzer warten trotz allem auf Kunden.

O-Ton Ladenbesitzerin: Sicher habe ich 'n mulmiges Gefühl, aber – ich bin auch froh, wenn es 13 Uhr ist, wenn ich Feierabend machen kann, nö?

Beitrag: Viele Nordstadtbewohner haben wohl schon vor dem Chaos-Wochenende eingekauft. Nur wer unbedingt muss, besorgt sich schnell das Nötigste.

O-Ton Konsumentin 1: Man kriegt nicht viel. Weil alles zu is'.

O-Ton Konsumentin 2: Angst hat man – hat man schon – nö? – wenn man hier langgeht, das ist schon klar.

Beitrag: Die Spuren der vergangenen Nacht sind auf den Straßen beseitigt, die Scherben zusammengefegt. Punker sind kaum zu sehen. Die sind auf dem Weg in die Fußgängerzone, wo sie sich gegen Mittag treffen wollen.

Diese drei O-Töne enthalten einen klaren Verweis auf die Recherche-Situation. Sie sind ganz deutlich Antworten auf suggestive Fragen der Art: *Haben Sie kein mulmiges Gefühl ...? Haben Sie keine Angst ...?*

Jeder O-Ton erfüllt zudem seine Funktionen im erzählerischen Ablauf. Da ist einmal die *argumentative* Funktion: Der O-Ton dient dazu, das vom Journalisten Gesagte zu belegen, zu illustrieren, plausibel zu machen usw. Dann ist da die *narrative* Funktion: Der O-Ton löst den Erzähler ab. Besonders bei längeren O-Tönen ist es ohrenfällig, dass hier eine neue Stimme die Erzählung eine Strecke weit fortführt.

Am Anfang des Beitrags über die Chaos-Tage steht ein O-Ton, in dem diese beiden Funktionen erkennbar sind. Der Reporter war im Hauptbahnhof Hannover, wo Polizeibeamte anreisende Punkerinnen und Punker abfingen. Er bringt einen Ausschnitt aus einem Gespräch zwischen einem Polizisten und Punkern; der Reporter selbst kommt im O-Ton nicht vor:

(Beitrag:) Rund um den Bahnhof stehen Mannschaftswagen der Polizei. Viele Beamte haben Schutzwesten angelegt oder tragen ihre Ledermonturen. Punker allerdings sind weder vor noch im Hauptbahnhof viele zu sehen. Für sie gilt seit dem Morgen ein absolutes Betretungsverbot. Sie werden schon auf dem Bahnhof von Bundesgrenzschutz und Polizei abgefangen.
(O-Ton Polizist; im Hintergrund Funk- oder Megaphon-Durchsagen:) So, folgendes. Wir haben jetzt Punk-Treffen in Hannover. Ihr kommt da nicht weiter durch. Wir erteilen euch einen Platzverweis. Ihr wartet hier auf'm Bahnsteig auf'n nächsten Zug, der bringt euch nach Hause. Der Bundesgrenzschutz holt euch ab, und der bringt euch zum andern Zug, und das – *(Punker:)* Wir haben ja zwei Stunden Zeit, na ja gut, das ist ja – *(Polizist:)* Die habt ihr. Die habt ihr. Und ihr dürft auch nicht vor Montag wieder nach Hannover reinkommen. *(Mehrere Punker durcheinander; dann wieder der Polizist:)* Und damit das auch hunderprozentig verstanden ist, brauche ich von euch beiden die Ausweise, und wir nehmen eure Daten auf.

Der Dialog der Akteure hat den Erzählfaden aufgenommen und weitergeführt. Der Kommunikator hat seine Rolle für eine kurze Episode an die Akteure abgegeben. Die Aufgabe, vom Tagesereignis zu erzählen, übernehmen damit Kommunikator und Akteur im Wechsel.

Je nachdem, wie der O-Ton in den Text eingebettet ist, treten die Akteure also recht prägnant in Erscheinung. Ihre Funktion besteht dann nicht mehr nur darin, eine Behauptung des Journalisten zu belegen, etwas zu bestätigen, was eventuell von ihm schon zusammengefasst wurde. Es entsteht der Eindruck eines Dialogs bzw. eines gemeinsamen Erzählens.

5.2.3. Feature

Längere, eigenständige Sendungen, die nicht mehr Beiträge einer übergeordneten Einheit sind, werden im Hörfunk gerne mit der Sammelbezeichnung ‚Feature' versehen.

Der Begriff ‚Feature' wird sowohl in der Rundfunkpraxis als auch in der Literatur in sehr weiter Bedeutung verwendet. Zindel/Rein (1997) stellen neun verschiedene Feature-Definitionen zusammen, die in erster Linie metaphorische Umschreibungen der Arbeit des Feature-Autors sind. Gemeinsam ist den gängigen Vorstellungen, dass es sich um längere Beiträge und Sendungen handelt, deren *Thema* nicht tagesaktuell ist. Kribus (1996) spricht von der „Elaboriertheit" des Themas, vor allem aber auch vom analysierenden Anspruch.

Im System der zur Verfügung stehenden radiophonen Formen ist das Feature also ein Text mit *Zusatz-Funktion,* aber mit weniger direkter Anbindung an die Nachrichtenform, als dies beim Bericht der Fall ist. Das Feature bringt Informationen, die nicht in der Nachricht oder dem aktuellen Bericht Platz haben, weil sie nicht auf ein zeitlich und personal klar abzugrenzendes Ereignis Bezug nehmen. Sein vertiefender Anspruch erlaubt dem Feature auch subjektivere, kommentierende Aussagen. Das Feature ist für jede Art der Rollenverteilung offen; charakteristisch aber ist die Auseinandersetzung von Kommunikator und Akteur, v. a. über O-Töne oder von Sprechern gelesene Zitate.

Zur Definition des Features gehört (laut Kribus 1996) auch die „radiophone Auflösung" des Themas, die nicht nur über O-Töne funktioniert, sondern den Einsatz von Atmosphäre, Geräuschen und Musik einschließen kann. Damit hebt sich das Feature von den reinen Manuskriptsendungen ab, die von einer einzelnen Person gesprochen werden (in Deutschland wird noch die Form *Radio-Essay* gepflegt, des einstündigen Vortrags, der das Publikum in seiner Zuhörsituation oft überfordert).

Das Kommunikator-Akteur-Verhältnis ist ähnlich wie im gebauten Beitrag dialogisch. Zwar kann ein Feature (wie das folgende Beispiel) radikal Partei ergreifen; aber dies geschieht nicht primär durch kommentierende Sätze, sondern vorzugsweise über eine geschickte Kombination von Meinung und Gegenmeinung, von sinnlichen Schilderungen und Geräuschen.

Ein klassisches Feature ist *Hühner* (*SFB*, 1967) von Peter Leonhard Braun. Das Thema ist die Produktion von Eiern, Geflügelfleisch und weiteren Erzeugnissen, die die moderne Gesellschaft der industriellen Verwertung des Haushuhns verdankt. Der aktuelle journalistische Anspruch ist sofort erkennbar durch die ausführlich recherchierten Inhalte. Der analytische Zugriff ergibt sich nicht zuletzt dadurch, dass verschiedene Standpunkte einander gegenübergestellt werden (wofür auch verschiedene Sprecherstimmen eingesetzt werden), obwohl ein Kommunikator-Ich durch die Sendung führt, das über seine romantischen Erinnerungen und kritischen Fragen klar eine tierschützerische Position einnimmt. *Hühner* ist eine frühe Stereoproduktion und nutzt die radiophonen Möglichkeiten sehr bewusst, besonders dadurch, dass es die Geräusche für sich wirken lässt und den Hörer die ganze Drangsal der Massentierhaltung akustisch miterleben lässt.

Im Feature *Hühner* wird das Kommunikator-Ich mit verschiedenen Vertretern der hühnerproduzierenden und hühnerverwertenden Industrie konfrontiert. Seine Fragen, seine Beobachtungen stellen eine kritische Beziehung zu diesen Akteuren her. Diese Beziehungen entstehen aber in erster Linie über das Beispiel, über die einzelne Episode. Ein Beispiel ist die Szene, in der er zum erstenmal eine Halle betritt, in der eierlegende Hühner gehalten werden. Im Wechsel folgen sich Fragen und Kommentare anderer Sprecher:

> Was wollen Sie? – Sind Sie vorher mit anderen Hühnerbeständen in Berührung gekommen? – Und wenn Sie mir nur den Schnupfen hereinbringen, klatscht die Leistung zusammen! – Der Mann geht mir in keinen Stall mit Hochproduktion. – Lasst ihn in Halle 5, die haben fast abgelegt! – Treten Sie erst auf die Desinfektionsmatte!

Das Misstrauen, das dem Erzähler entgegengebracht wird, wird noch verstärkt durch die verwunderte, verschüchterte Art, in der dieser einzelne Begriffe wiederholt und seine Beobachtungen festhält. Der Autor geht induktiv vor, es reicht, wenn er einen einzelnen Betrieb schildert. Es ist nicht nötig, die Episoden mit Hintergrundinformationen über Hühnerhaltung in der Bundesrepublik Deutschland zu ergänzen. Diese könnten zwar die Sendung vervollständigen, wenn sie aber das Übergewicht enthielten, wäre das Kriterium „radiophone Auflösung" in Gefahr. Dann würde die Sendung nur zu einem überlangen Bericht.

Oft wird versucht, das Feature gegen die *Reportage* abzugrenzen. Der Versuch misslingt aber meist (solange mit Reportage nicht einfach die Live-Sendung gemeint ist). Wenn man der Benennungspraxis folgt, so sieht man bald, dass einige Sendungen, die nach unseren Vorstellungen Features sind, als Reportagen angekündigt werden – meistens weil sie sich vom Gegenstand her auszeichnen. Sie spielen in klar zu bezeichnenden Regionen, in fernen Ländern oder in Fabriken, sind also in ihrer Thematik u. a. örtlich eingegrenzt. Oft handelt es sich um sogenannte Reise-Reportagen (oder Reise-Features), in denen ein Ich-Erzähler seine HörerInnen in unbekannte Gebiete mitnimmt. Von der Form und von der journalistischen Absicht her lassen sich aber keine klaren Grenzen ziehen, auch wenn relativ selbstverständlich eher von einem Feature *über das Glasblasen* und von einer Reportage *aus Kambodscha* die Rede ist.

Gerade auch im Hinblick auf die Schwierigkeit der Genrebezeichnung in anderen Medien halte ich es für sinnvoll, generell die Bezeichnung *Hörfunk-Feature* für alle über den Bericht hinausgehenden, die hörfunkspezifischen Möglichkeiten nutzenden Sendungen zu verwenden und allenfalls das eine oder andere Feature der *Unterkategorie Reportage* zuzuordnen.

5.2.4. Live-Reportage: der Rezipient im Kontakt mit dem Kommunikator

Die Live-Reportage ist die Sendeform der Gegenwart: Hier erhebt der Hörfunk den Anspruch, den Rezipienten zeitgleich an einem Ereignis (d. h. am engen Kontakt des Kommunikators mit dem Akteur) teilhaben zu lassen. Die Reportage steht deshalb auch in einem besonderen Verhältnis zu anderen informierenden Texten, z. B. Nachrichten. Diese weisen im Vorfeld auf die Live-Reportage als besonderes Ereignis hin, sie nehmen ihren Inhalt später wieder als Input auf.

Im Gegensatz zu anderen Sendeformen entsteht die Reportage also nicht als Weiterverarbeitung sprachlicher Texte (wie Agenturmeldungen usw.), sondern als gleichzeitige Beschreibung der Ereignisse, die sich vor dem Kommunikator abspielen (die allerdings nichtsprachlicher *und* sprachlicher Natur sein können). In der Fußballreportage zum Beispiel beschreibt der Reporter in seinen Worten, was Spieler, Schiedsrichter und Publikum tun. Das wichtige Merkmal der „Textbasiertheit" journalistischer Sprache (Häusermann 1994) ist hier sekundär. „Die Reportage berichtet über Situationen und Ereignisse", sagt Axel Seip und zählt Orte und Anlässe auf, von denen reportiert wird: „Aus dem Asylantenheim, dem Arbeitsamt, der Großmarkthalle, von der Viehauktion, dem Fußballspiel, von Staatsbesuchen, Demonstrationen, Blockaden, von Hochwasser, Massenunfällen und anderen Katastrophen – es muss etwas zu sehen sein." (Seip 1991, 140–141) Dennoch haben Formen des Zitierens oder anderer Bezugnahme auf andere Texte auch hier ihre Bedeutung. „Das Geschehen auf dem Spielfeld liefert die Stichworte zu einer sinnvollen und abwechslungsreichen Verknüpfung dieser beiden Grund-Elemente der Reportage: Schilderung und ergänzende Information." (Zimmer 1991, 158)

Auch die Live-Reportage fügt sich in eine Reihe von Texten ein. Bei der einzelnen Sportreportage z. B. ist dies besonders leicht erkennbar. Sie bekommt ihre Bedeutung nur im Zusammenhang mit Reportagen von anderen, oft gleichzeitig stattfindenden Spielen, aber auch von Vorschauen und Zusammenfassungen, Interviews und anderen Nachbereitungen. Ähnlich bei der Reportage von einem politischen Großanlass: Das Ereignis wurde Stunden oder Tage im voraus in Nachrichtensendungen angekündigt und später wird es Gegenstand von Berichten und Kommentaren. Im Sport sind es meistens die ReporterInnen selbst, die sich später mit einem Abschlussbericht oder Interviews mit Aktiven und Trainern melden.

In der Live-Reportage vermittelt der Kommunikator *das* Ereignis, indem er von seinem direkten Kontakt mit dem Akteur berichtet. Dabei ensteht neues Grundmaterial – Input für spätere Texte, zum Beispiel für Nachrichtenbeiträge und tagesaktuelle Berichte, in denen Ausschnitte aus der Reportage als O-Töne dienen, die das Ereignis dokumentieren. Die Reportage erhebt also den Anspruch, der Text zu sein, der dem Ereignis am nächsten kommt.

Der Gegenstand mag in erster Linie visuell sein (z. B. beim Fußballspiel); die Hauptinformation ist sprachlich. Im Gegensatz zum Fernsehen hat der

Rezipient nicht die Illusion, direkt zu sehen, was passiert. Das Radio vermittelt ihm nicht Kontakt zu den Bildern von den Akteuren und Ereignissen, sondern zunächst einmal Kontakt zu einer Kommunikatorfigur, nämlich dem Reporter. Wenn sich am Sonntagnachmittag Live-Schaltungen in die verschiedenen Fußballstadien folgen, wechseln nicht die Schauplätze ab, sondern die Sprecher. Für die Illusion, beim Ereignis dabeizusein (z. B. bei einem Weltmeisterschafts-Endspiel), ist heute das Medium Fernsehen zuständig. Im Radio dagegen ist man zunächst mit dem Reporter verbunden. Die Live-Sendung behält den Charakter des Vermittelten. Live bedeutet in der Radio-Übertragung nicht *hinsehen*, sondern Kontakt mit einem professionellen *Augenzeugen* (vgl. Crisell 1986).

In den meisten Radioreportagen ist denn auch (außerhalb des Sports) der Gegenstand zu einem großen Teil verbal. Z.B. wird von Ereignissen reportiert, bei denen Reden gehalten werden; die direkte Schilderung durch den Reporter wird zu einem großen Teil ersetzt durch Interviews mit Akteuren und Beobachtern. Damit wird auch in der Reportage die direkte Äußerung des Akteurs zu einem wichtigen, meist zum zeitlich überwiegenden Element: Die Stimmung an den Berliner Grenzübergängen in den ersten Stunden nach ihrer Öffnung 1989 konnte besser durch Gespräche mit den passierenden Menschen vermittelt werden als durch lange Schilderungen. Und Hauptbestandteile der Reportagen von der Berliner Demonstration gegen Ausländerfeindlichkeit und Rassismus (1992 unter dem Motto *Die Würde des Menschen ist unantastbar*) waren Äußerungen der beteiligten BürgerInnen und Ausschnitte aus den Reden der Abschlusskundgebung.

Wie wichtig die Beteiligung des Akteurs sein kann, zeigt das folgende Beispiel von diesem Tag. Die Reden und Darbietungen an der Schlussveranstaltung im Lustgarten wurden massiv gestört. Während der Ansprache des Bundespräsidenten flogen Eier auf die Bühne, die Lautsprecheranlage funktionierte nicht mehr; Teilnehmer und Beobachter hatten den Eindruck von Chaos und Sabotage. Der Reporter war völlig auf seine eigenen Beobachtungen angewiesen; er konnte in seiner Hilflosigkeit viel'von der Stimmung weitergeben (was durch die Atmo unterstützt wurde). Aber sein Hauptziel, die politischen Aussagen zu vermitteln, konnte er nicht weiter verfolgen, weil die Reportage ihr Grundgerüst eigentlich durch Texte der Akteure hätte bekommen sollen (SFB 2, 25.10.1992):

Moderator: Hier ist der Sender Freies Berlin SFB 2. Ich rufe den Kollegen C.B. vor Ort im Lustgarten von der Abschlusskundgebung.

Reporter; im Hintergrund Piffe und Rufe: Ja, die Abschlusskundgebung nimmt – äh – seinen Lauf – äh – auch wenn ich im Moment hier eigentlich nichts hören kann von dieser Abschlusskundgebung. Ich sehe Richard von Weizsäcker auf der Tribüne, er redet – diese Rede fahrplangemäß, möchte ich fast sagen, aber man hört nichts mehr. Die Lautsprecheranlage scheint hier ausgefallen zu sein. Ich dachte erst, wir hätten hier eine Funkstörung aufgrund eines Hubschraubers, der über dem Gelände kreiste, aber offenbar scheint es doch so zu sein, dass hier jemand die gesamte Anlage möglicherweise außer Betrieb gesetzt hat. Es fallen einzelne – Eier, Polizei mit Schutzschildern, mit Plastikschildern ist vor dem Bundespräsidenten aufgezogen. Regenschirme sind an der Tribüne eröffnet worden. Und hier wird gerufen – was, kann ich im Moment schwer verstehen, ich nehme an, es sind die ähnlichen Rufe wie vorhin: „Heuchler, Heuchler!" Und – äh – man drängelt ein wenig hier auf der Kundgebung, aber man versteht eben nichts mehr. Mehr kann ich im Moment eigentlich auch nicht zur Situation sagen. Ich nehme – – Der Hauptstrom, sagt mein Techniker mir hier grade von der Bühne, is' weg, da hat offenbar jemand zum Aggregat die Verbindung gekappt. Ich kann hier auch nichts weiter sagen. Wir müssen abwarten, ob ein findiger Techniker in der Lage ist, die Sache wieder hier zu flicken.

Moderator: Schönen Dank, C. B., wir spielen etwas Musik.

Der Reporter tut das Richtige: Weil die Veranstaltung in ihrem Verlauf gestört ist, schildert er die Störung. Aber das ist schwierig, weil der verbale Gehalt des Ereignisses plötzlich fehlt. Statt mit einer vorbereiteten Rede innerhalb eines festen Rahmenprogramms sieht er sich mit Vorfällen konfrontiert, die völlig vom Erwarteten (nämlich dem geregelten Ablauf der Bühnenveranstaltung) abweichen und die auch nicht altbekannten Regeln folgen, wie das bei einem Fußballspiel der Fall wäre. Er versucht, „das unmittelbare Geschehen zu schildern"; aber er spürt selbst, dass dies hier nicht ausreicht. Er kann seine journalistische Aufgabe, das Erlebte einzuordnen, nicht mehr wahrnehmen. Deshalb gibt er nach kurzer Zeit das Wort wieder zurück ans Studio, und da wird „etwas Musik" gespielt.

Das Beispiel zeigt, dass auch scheinbar spontane radiojournalistische Formen nur zustandekommen, wenn sie von langer Hand vorbereitet sind und eine einsehbare Struktur haben. Und es zeigt, dass es leichter fällt, wenn diese Struktur durch sprachliche Ereignisse hergestellt wird.

5.2.5. Formen mit Metafunktion: Präsentation, Moderation, Eigenwerbung

Schon seit seinen Anfängen ist das Radioprogramm immer mehr als nur die Folge einzelner Sendungen. Die rein akustische, ‚flüchtige' Natur des Mediums hat es schon immer erfordert, dass die Sendungen angekündigt und abgesagt wurden, dass also Meta-Informationen gegeben wurden, die dem Zuhörer halfen, sich in Inhalt und Struktur des Programms zurechtzufinden. Diese moderierenden Funktionen beschränken sich aber nicht auf reine Mitteilungen über das Programm: Eine Person tritt auf und setzt sich von den übrigen Kommunikatorfiguren ab. Sie identifiziert sich zwar mit ihnen, spricht aber auch über sie und betont gegenüber dem Rezipienten ihre Vermittlerfunktion. Damit repräsentiert sie, viel stärker als der normale Autor eines Beitrags, die Radiostation. Sie kann auch den Rezipienten direkt ansprechen. Sie hat es damit auch leichter, sich mit einem Appell oder einer kommentierenden Äußerung an ihn zu wenden. Viele Aufgaben, die der Hörerbindung dienen sollen, werden deshalb den ModeratorInnen übergeben. Allerdings gibt es auch vorfabrizierte Elemente (z. B. Jingles), die demselben Zweck dienen und deshalb als Teil der Moderation gesehen werden müssen.

Moderation besteht im wesentlichen aus den folgenden sieben Funktionen (in Anlehnung an Häusermann/Käppeli 1986:1994, 304–336):

> *Kontakt:* Der Moderator oder die Moderatorin ist die Person, die den Rezipienten direkt anspricht. Begrüßungen und Verabschiedungen sind typische Moderationselemente. Es ist so deutlich, dass sich damit eine besondere Funktion ergibt, mit der sich der Kommunikator in seinem Kontext profiliert, dass auch in anderen Fällen derartige Elemente als moderierend bezeichnet werden müssen, obwohl sie von einem Sportreporter oder vom Nachrichtensprecher gesprochen werden.
>
> *Orientierungshilfe im zeitlichen Ablauf:* Die Moderation erleichtert dem Rezipienten die Orientierung im Programm: Sie erlaubt es ihm, innerhalb nützlicher Frist zu erfahren, welchen Sender er eingeschaltet hat, welche Sendung er hört. Elemente der Senderkennung (aber auch die „Selbstansage" des einzelnen Moderators) gehören hierher. Auch Verweise auf spätere Sendungen sollen die Orientierung innerhalb des Programms erleichtern.
>
> *Präsentieren:* Sendungen und Beiträge werden an- und abmoderiert. Die inhaltliche Trennung verschiedener Inhalte gehört zu dieser moderierenden Tätigkeit ebenso wie die Verknüpfung gleicher Inhalte. Dies ist eine Funktion, die oft mit derjenigen der Orientierungshilfe verknüpft ist: Wer durch eine Sendung führt, gibt oft gleichzeitig Gliederungshilfe wie auch inhaltliche Vorgaben und Ergänzungen zu den Beiträgen.
>
> *Motivieren:* Mit dem Präsentieren ist das Motivieren verbunden: Es ist die Aufgabe von Moderatorinnen und Moderatoren, ihr Publikum bei der Stange zu halten. Sie führen nicht nur in die Inhalte ein, sondern machen auch darauf neugierig, präsentieren sie als besondere Leistung, die sich von Konkurrenzangeboten abhebt.
>
> *Transparenz:* Moderationshandlungen machen auch den Kommunikationsvorgang durchschaubarer. Es ist eine typische Metafunktion, wenn etwa Erklärungen über die Produktionsweise gegeben werden. Technische Pannen können angesprochen, kurzfristige redaktionelle Entscheidungen begründet werden.
>
> *Repräsentieren:* Jede moderierende Botschaft hat ein Element der Selbstoffenbarung. Deshalb versuchen moderne Radiostationen auch, einen einheitlichen Moderationsstil zu schaffen, der Teil des Formats ist. Das Selbstbild des Senders wird aber weiter ergänzt durch Erklärungen über Konzepte und Wirkungsabsichten, und natürlich auch dadurch, welche Botschaften dem Hörer auf der Beziehungsebene gemacht werden.
>
> *Appell:* Die direkte Ansprache des Zuhörers mit direkten Handlungsaufforderungen kann die Bindung des Publikums an den Sender verstärken. So kann der Moderator zum Beispiel im Anschluss an einen Beitrag über Drogenprobleme auf Zusatzdienste hinweisen und die HörerInnen auffordern, eine bestimmte Telefonnummer anzurufen oder vertiefende Literatur zu bestellen. Der Schritt zu abgeschlossenen Beiträgen mit Appellcharakter (die von der Moderatorin oder dem Moderator des Begleitprogramms bestritten werden), zu Wunschkonzerten und Gewinnspielen, ist nicht groß.

Sendeformen

Für alle diese klassischen Moderationsfunktionen werden heutzutage Elemente vorgefertigt. Sie können bei Bedarf eingespielt werden, aber auch zu festen Zeiten Teil der Programm-Uhr sein. In vorproduzierter Form sind sie zwar weniger persönlich, dafür aber attraktiver als die rein verbale Ad-hoc-Formulierung des einzelnen Moderators.

Zu diesen „moderierenden" Elementen gehören die folgenden vorproduzierten Formen der Eigenwerbung (nach Sturm/Zirbik 1996 und Haas/Frigge/Zimmer 1995):

Promo: Spot, der einzelne Programmbestandteile und Programmaktivitäten bewirbt. Wenn sie nur für eine einzelne aktuelle Sendung produziert werden, werden sie auch *Trailer* genannt.

Teaser: Hinweis auf ein Programmelement, kurz bevor dieses zum Einsatz kommt. Ein Teaser kann eine einfach gesprochene Moderation vor einem Musik- oder Werbeblock sein, die auffordert, „dranzubleiben", weil danach ein attraktiver Beitrag folgt.

Werbespot: längere (30–90 Sekunden) Werbebotschaft mit dem Ziel der Produkt- oder Imagewerbung.

Backsell: eine verstärkende Werbebotschaft; sie „bestätigt bereits angekündigte und ausgestrahlte Sendungen und Programmpunkte".

Station-song: Ein eigens für die Station komponiertes, getextetes und produziertes Lied. Es kann Struktur und Länge eines ausgewachsenen Popsongs annehmen. Häufig ist es aber viel kürzer (schon 5 Sekunden sind möglich). Solche kürzeren gesungenen Erkennungszeichen werden *Jingles* genannt.

Image-ID (Image-Identification): Werbebotschaften in kurzer, prägnanter Form, die ohne Gesang auskommen, die aber möglichst ideenreich mit Musik, Geräuschen oder Mitteln der Verfremdung produziert sind.

Intro/Outro (Indicatif/Signet): Kennelement, das vor oder nach einer Programmeinheit gespielt wird, meist dessen Namen nennt und den Wiedererkennungswert steigert.

Die Bezeichnung dieser Elemente variiert von Station zu Station. Besonders in öffentlich-rechtlichen Sendern (z. B. *DRS 3, Bayern 3*) wird der Begriff *Jingle* weiter gefasst. Er gilt als Überbegriff für werbende, ankündigende, verbindende, trennende Kurzproduktionen. Walther von LaRoche unterscheidet etwa *Themajingles* mit ankündigender Funktion, *Brückenjingles* mit verbindender Funktion und *Trennjingles* mit absetzender Funktion (LaRoche 1991).

Wie die einzelne gesprochene Äußerung können alle derartigen Elemente, die meist von den ModeratorInnen auf Cartridges abgespielt werden, mehrere Funktionen haben. So hat ein *Intro* nicht nur die Funktion der Orientierungshilfe, weil es zwei Programmelemente voneinander trennt, sondern bekommt durch seine sendertypische Form auch Repräsentationsfunktion und soll natürlich auch zum Zuhören motivieren.

5.2.6. Servicebeiträge

Im Radio haben in den letzten Jahrzehnten Beiträge Platz gefunden, in denen der Hörer direkt mit Handlungsanweisungen oder Empfehlungen angesprochen wird. Das Medium nutzt damit seine Eignung, auf bestimmte aktuelle Bedürfnisse kurzfristig und exklusiv zu reagieren. Die Meldung, dass sich auf einer bestimmten Autobahn ein Stau gebildet hat, macht nur über das Medium Radio Sinn. Jede andere Form der Publikation wäre zu wenig schnell, und nur dieses technische Gerät steht den AutofahrerInnen in ihrem Gefährt auch zur Verfügung.

Typisch für die Service-Funktion ist, dass der Kommunikator meist nicht mehr als Autor auftritt, sondern die Texte einer zuliefernden Instanz (z.B. Automobilclub, Polizei) weiterleitet, die in der alltäglichen Berichterstattung als Akteur auftritt. Typisch ist aber auch der Appellcharakter. In einem redaktionellen Beitrag würde jede Äußerung, die in eine Handlungsaufforderung mündet, als Kommentar gewertet, der allenfalls zur Meinungsbildung dient, der aber auch von seinem Autor nicht zur kritiklosen Übernahme gedacht ist. In einem Servicebeitrag dagegen handelt es sich um ernstgemeinte Ratschläge, und wenn es hier heißt „Nehmen Sie die Umfahrung über Heckenhausen," dann wird erwartet, dass zumindest ein Teil der Angesprochenen diese Aufforderung auch in die Tat umsetzt. Pikanterweise ist dies aber ein Ratschlag, bei dem die Kommunikatororganisation ihre Verantwortung abgegeben hat. Er stammt von einer außenstehenden Autorität. Gute SprecherInnen geben dem Text eine paraverbale Form, die deutlich macht, dass sie einen zugelieferten Wortlaut verlesen.

Es bleibt dennoch dabei, dass auf diese Weise das Radio Platz geschaffen hat für Texte mit Appellcharakter, die nicht vom Kommunikator verantwortet werden. Diese Tendenz zeigt sich auch in Informationsbeiträgen und wird von PR-Zulieferern dankbar aufgenommen, indem sie Beiträge über ihr Unternehmen mit Service-Elementen anreichern: „Unternehmen können sich auf diesem Weg besonders gut positionieren. Wenn eine Versicherung für den Gebrauch von Fahrradhelmen wirbt, tut sie Gutes und redet darüber," heißt es in der Selbstdarstellung der PR-Branche (Förster 1997). Für den Rezipienten heißt dies, dass er nicht nur die Informationen direkt vom Akteur bezieht, sondern auch den Kommentar dazu, nämlich die Schlüsse, die er aus diesen Informationen ziehen soll.

Servicemeldungen stehen oft sehr isoliert im Kontext. Ein kurzes Signal ertönt und unterbricht sogar die laufende Sendung, damit die aktuelle Verkehrsmeldung sofort plaziert werden kann. Dies macht diese Sendeform für Sponsoren besonders attraktiv. Alternative Möglichkeiten der Erinnerungswerbung bestünden in Werbespots, also in völlig anders positionierten, als Werbung gekennzeichneten und selten für sich allein gesendeten Beiträgen. Auch dies zeigt, wie stark der Akteur beteiligt ist, obwohl er scheinbar nur als Trittbrettfahrer eine nützliche Dienstleistung sponsert.

Im übrigen freuen sich nicht nur Akteure, die auf PR angewiesen sind, sondern auch journalistische Kommunikatoren über die enge Zusammenarbeit mit den interessierten Stellen bei Service-Aktivitäten. So weist zum Beispiel der Direktor eines Lokalradios darauf hin, dass in Zusammenarbeit mit Funktaxi-Fahrern bessere Verkehrsmeldungen zustandekommen, als wenn man sich auf die örtliche Polizei verlässt, und er fügt hinzu: „Taxen sind darüber hinaus interessante Werbeflächen für lokale Rundfunksender." Und die Funktion von Veranstaltungstips sieht er so: „Mit der Hilfe von Lokalradio-Programmen kann man schnell Konzerte, Ausstellungen oder andere spektakuläre Ereignisse jeglicher Art mit einem großen Besucherzustrom füllen. Daraus ergibt sich, dass sich besonders auf diesem Sektor Kooperationen und Sponsoring anbieten." (Cabanis 1991, 237–238)

5.2.7. Funktionen der Musik

Musik ist die Basis für die meisten Radioprogramme. Sie bildet das Hauptmerkmal eines Radioformats, sie ist auch der Hauptgrund dafür, dass ein Radiogerät überhaupt eingeschaltet wird.

Damit weiß jeder, der einen Sender einschaltet, was ihn ungefähr erwartet. Den Rahmen dafür bilden das Format und die *Playlist,* also die Gesamtheit der in einem Sender in einer Woche gespielten Musik. Eine klare Prognose ist aber nicht möglich – im Gegensatz etwa zu längeren Konzerten, wie sie in einzelnen Sendern und zu Randstunden noch immer programmiert werden können.

Verbale Kommentare zur gespielten Musik sind im modernen Formatradio selten. An- oder Abmoderationen sind die Ausnahme. Wer Informationen zu einzelnen Stücken sucht, ist entweder auf gelegentliche Interviews oder Hintergrundberichte oder auf andere Medien (Werbung, Fachpresse) angewiesen.

Wenn wir Radiobeiträge danach charakterisieren, welches Verhältnis Kommunikator, Akteur und Rezipient in ihnen eingehen, konnten wir bei den Servicebeiträgen bereits eine starke Zurücknahme der Rolle des Kommunikators feststellen. Der Akteur (Polizei, kulturelle Veranstalter usw.) tritt mit seiner Botschaft (oft in unredigiertem Amtsdeutsch) direkt an den Rezipienten, auch wenn sie noch vom Moderator verlesen wird. Bei der Musik ist der Rollenwechsel aus naheliegenden Gründen vollständig vollzogen. Es werden (mit wenigen Ausnahmen) Fremdproduktionen gespielt. Die Bühne ist frei für die KünstlerInnen und die hinter ihnen stehenden Unternehmen. Dem Kommunikator bleibt die Präsentation und u. U. die kritische Aufbereitung des zugelieferten Materials.

Dennoch kann auch die fremdproduzierte Musik eine identitätsstiftende Funktion übernehmen. Es ist nicht nur die Klangfarbe, die einem Programm seine Gestalt gibt, sondern oft auch die gezielte Plazierung eines immer wiederkehrenden Stücks. Fremdproduzierte Musik kann mit eigenen Aussagen aufgeladen werden, etwa dann, wenn sie als *Backtimer* verwendet wird: „Die sogenannten Backtimer (Instrumentalstücke zum Überbrücken fehlender Zeit vor Nachrichten oder Schlagzeilen) unterstützen die Wiedererkennung des Senders und fördern die Positionierung eines Programmes. Sie werden im Kontext des Klangbildes der Eigenwerbung und Verpackung ausgewählt. Auf diese Weise tragen die Backtimer zum Profil eines Senders bei." (Sturm/Zirbik 1996, 237–238)

Die Identifikation mit der gesendeten Musik nimmt oft drastische Formen an. Aus mehr oder weniger einsichtigen Gründen verzichten die Sender zum Beispiel darauf, ein Stück zu spielen, weil es eine unerwünschte politische Aussage macht oder als gewalttätig, pornographisch usw. aufgefasst wird. Umgekehrt kommt es vor, dass das Radio sich explizit mit den Inhalten seiner Musik identifiziert und sie im Auftrag der politischen Machthaber planmäßig instrumentalisiert.

Ein Beispiel dafür bietet der deutsche Rundfunk nach der ‚Machtergreifung' der Nazis. Unter dem Einfluss des Propagandaministers Goebbels wurde das Musikprogramm zunächst ausgeweitet, in einer Form, die den Rundfunk auch denjenigen, die nicht NSdAP gewählt hatten, schmackhaft machen sollte. Forciert wurden nicht nur klassische Symphonien (Beethoven, Wagner), sondern auch Unterhaltungsmusik aller Art. Sie sollte die Propaganda unterstützen, ohne selbst als Propagandamusik aufzufallen (Drechsler 1996). Eine wichtige Funktion, vor allem zur Hebung der Moral im Zweiten Weltkrieg, bekam das Rundfunk-Wunschkonzert, das 1935 eingeführt worden war: ein Bühnenprogramm aus dem großen Sendesaal des Reichssenders Berlin (nach Kriegsbeginn als *Wunschkonzert für die Wehrmacht* weitergeführt) (Neumann-Braun 1993, 104–114).

Intertextuell gesehen setzte man mit dieser Instrumentalisierung der Musik auf einen Ausblendungseffekt. In den verbalen Botschaften wurde der Sieg beschworen („Wir siegen", „wir werden siegen", „siegreiche Abwehrschlachten"); in den Schlagertexten wurde die Realität des Krieges verdrängt („Heimat, deine Sterne", „Das kann doch einen Seemann nicht erschüttern", „Wir machen Musik"). Heute wird für solche Produkte der Begriff ‚Durchhalteschlager' verwendet. Dieser verweist allerdings nicht nur auf die Zeit des Zweiten Weltkriegs („Kauf dir einen bunten Luftballon" war einer der letzten Tips, den der deutsche Rundfunk in die bombardierten Städte schickte), sondern auch noch auf die Nachkriegszeit in der Bundesrepublik. Da wurde die Aufbauarbeit mit unpolitischen Liedern und bunten Hörfunkabenden unterstützt (Heynold 1992, 28–29).

Natürlich wurde und wird Musik im Radio auch zur direkten politischen Indoktrination eingesetzt. Nur scheint dies den Nutzungsbedürfnissen der Rezipienten viel weniger entgegenzukommen als der Einsatz zur Be- und Vernebelung.

Für die heutige Radionutzung hat Eckhardt (1987) aus einer Befragung in Nordrhein-Westfalen fünf verschiedene soziale Funktionen der Musik unterschieden. Für die HörerInnen dient Musik oft als Ersatz für Gesellschaft (parasozialer Kontakt): „Ohne Musik wäre die Stille im Haus manchmal nicht zu ertragen" ist eine typische Aussage hierzu. In anderen Fällen hilft Musik, mit unangenehmen Tätigkeiten fertig zu werden, Routinearbeiten zu erleichtern („Funktionalität"). Sie kann aber gemäß dieser Befragung noch mehr, nämlich direkt die Stimmung des Hörers heben (Funktion „Stimmungskontrolle"). Und in Gesellschaft kann Musik gar als kontaktfördernd empfunden werden („Bei Musik kommt man sich näher"). Immerhin gibt es auch eine Gruppe von HörerInnen, die kein Verhältnis zur Musik haben bzw. sie sogar als störend empfinden.

Interessanterweise fehlen hier Kategorien, die mit aufmerksamem Zuhören einhergehen würden, zum Beispiel die Begegnung mit bestimmten Künstlern oder die Information darüber, welche Stile und Titel aktuell sind. (Walter Benjamin: „Die technische Reproduzierbarkeit des Kunstwerks macht es zum Gegenstand der Zerstreuung"; vgl. Kühn 1976.) Dies hängt natürlich u. a. damit zusammen, dass solche gezielte Nutzungen in der Umfrage nicht thematisiert wurden. Es wäre auch hier trügerisch, den einzelnen Text oder die einzelne Rezeptionssituation auf eine einzige Funktion reduzieren zu wollen. Wer die Hitparade hört, will sich oft gleichzeitig unterhalten als auch darüber informieren, welcher Titel welchen Platz einnimmt.

5.2.8. Fremdbeiträge: Werbung und PR

Noch eindeutiger als die Musik treten die Werbebotschaften als Fremdbeiträge auf. Der Kommunikator gibt das Wort ab an einen Werbetreibenden, der die entsprechende Zeit gekauft hat. In der Botschaft in eigener Sache, die er hier machen kann, ist er in der Regel frei von redaktionellen Auflagen.

Aber Werbebotschaften können auch aus dem Munde der Kommunikatoren zu vernehmen sein. Firmen oder Behörden, ihre Aktivitäten und Produkte können mehr oder weniger deutlich erkennbar als Dienstleistung für die betreffenden Institutionen genannt werden, sei es als Produkt des *Sponsoring,* sei es als Resultat einer Zusammenarbeit im gegenseitigen Interesse: Da gerade die privaten Hörfunksender dankbar für Gratismitarbeit sind, ist ein neuer Markt für Spezialagenturen entstanden, die PR-Beiträge im Auftrag von Firmen oder Branchenorganisationen produzieren und an Hörfunksender verschicken. Daraus ergibt sich ein besonders heikler intertextueller Bezug: Beiträge unterschiedlicher Provenienz, solche mit Werbecharakter und solche ohne, treten in gleichem Gewand und im gleichen Kontext auf. Ob es sich um redaktionelle Texte handelt oder um gezielt plazierte Fremdleistungen mit kommerziellen Zielen, ist für den Rezipienten nicht mehr erkennbar.

Die Art der Zusammenarbeit zwischen Kommunikator und Akteur ist so vielfältig, dass eine große Palette von Sendeformen möglich ist. Die Dreiteilung *Werbung, PR-Beiträge, Sponsoring* ermöglicht nur eine sehr rudimentäre Unterscheidung, entsprechend dem Rollenverhältnis zwischen Kommunikator und Akteur.

Dass sich das Radio für *Werbung* besonders gut eignet, wurde schon in den ersten Jahren erkannt. Im Gegensatz zu den herkömmlichen Medien erreichte das Medium diejenigen Teile der Bevölkerung, die wenig oder keinen Zugang zu schriftlichen Texten hatten, es erreichte sie zu allen Tageszeiten in privaten Situationen, als Begleitung zu anderen Beschäftigungen. Von den ersten Jahren an sicherte in den USA die Werbung auf lokaler und (mit der Gründung des ersten Network *NBC* 1926) auch nationaler Ebene dem Radio seine Einkünfte. Stärker problematisiert wurde die Werbung im deutschen Rundfunk. Schon die ersten Programme wurden mit Werbebotschaften unterstützt, und die Schallplattenkonzerte der 1920er Jahre waren stark mit der Plattenindustrie verknüpft; aber die öffentlich-rechtliche Situation des Rundfunks führte von Anfang an dazu, dass die Post als Betreiberin an hohen Werbeeinnahmen interessiert war, während die kulturbewussten Programmverantwortlichen das Ausmaß einschränken wollten. 1929 wurden die Werbezeiten auf die Vormittagsstunden der Werktage begrenzt, „eine Regelung, die jedoch in praxi sehr weit ausgelegt werden konnte." (Halefeldt 1997, 146)

Das Radio hat im Laufe der Zeit mit dem rein akustischen Werbespot seine eigenen Formen der Werbung entwickelt. Längst ist den ProduzentInnen klar, dass sie mit Spots, die unterhalten und informieren, mehr Aufmerksamkeit erzielen als mit reinen Kaufappellen (Fürmetz/Huter in Sturm/Zirbik 1996, 353–367). Es entstehen mittlerweile eigentliche kleine Kunstformen – Hörspiele, musikalische Produktionen, Minifeatures, die die werbende Botschaft mit einer großen Leichtigkeit vermitteln, als ob sie ein zufälliges Nebenprodukt wäre.

Beispiele findet man im Schaffen des New Yorker Radiomanns Tony Schwartz, der über 25 000 ‚Commercials' hergestellt hat. Ein besonders eindrücklicher Spot, der für Ton- und Videobänder warb, entstand aus seiner Arbeit an der Klangbiographie von Nancy, einem Mädchen aus seiner Nachbarschaft. Aus all den Aufnahmen aus 17 Jahren stellte er zehn kurze Ausschnitte zusammen: vom ersten Lachen über das Aufsagen von Nursery Rhymes zusammen mit ihrem Vater, bis zu kurzen Berichten des Teenagers über Sommerferien und Freundschaft. Das alles in einer Minute, eingeleitet mit dem lapidaren Satz: „The Sound of a little girl growing" und abschließend nur kurz kommentiert mit der Aussage: „More people are recording their children's growth on audio and video tape than ever before in history." (Werner 1997)

In diesem Spot findet man eine mehrschichtige Kommunikator-Konstellation. Zunächst verspricht der Sprecher Originaltöne, die nicht mit irgendeinem

Werbezweck verbunden sind. Der Hörer taucht ein in die rasche (aber durchaus nicht hektische) Abfolge von Aufnahmen, die selbst deutlich als dialogisch erkennbar sind: Zum Teil ist die erwachsene Person zu hören, zu der Nancy spricht, und auch in den übrigen Aufnahmen ist die Interviewsituation aus der Antworthaltung des Teenagers klar erkennbar. Nach dem letzten O-Ton kommentiert der Sprecher genau dies. Er macht deutlich: Wir haben nicht einfach „the sound of a little girl growing" gehört, sondern ein Dokument von der Interaktion zwischen Erwachsenen und einem Kind, und das Dokument verdankt seine Existenz der Tonbandtechnik. Während die Anmoderation den Schwerpunkt noch auf das Ereignis legte, die Entwicklung eines Kindes, so betont die Abmoderation die Herstellung des Dokuments. Es nimmt den Hörer mit auf eine Meta-Ebene, macht ihn darauf aufmerksam, welchem Produkt er das kurze Hörerlebnis zu verdanken hat.

Der *Nancy-Spot* illustriert zum einen die Umsetzungsleistung, die eine Grundaufgabe der Werbung ist: angenehme Inhalte mit Produktinformation und Kaufappell zu verknüpfen. Zum andern zeigt es die Nähe zwischen Produkt und Medium (die auch z. B. für CD- oder Kinowerbung im Radio gilt): Was das Publikum hört, ist in vielen Fällen potentiell käuflich zu erwerben (besonders natürlich die Musik); es bedarf nur eines Wechsels auf die metakommunikative Ebene, um dies auch bewusst zu machen. Die Trennung von redaktionellem Inhalt und Werbung ist deshalb, so sehr man sich auch darum bemüht, nie klar zu vollziehen. Dies relativiert auch moralische Diskussionen, ob es richtig sei, dass die Radiostation selbst die Spots für ihre Werbekunden produzieren darf.

Die klassische Leistung der *Public Relations* bestand lange darin, dass Unternehmen und Behörden den Redaktionen aktuelle Meldungen oder Archivmaterial lieferten, also Grundlagenmaterial für redaktionelle Beiträge. Heute wird den Radiosendern immer häufiger sendefertig produziertes Material angeboten. Das sind Beiträge, die professionell klingen und deren werbender Charakter oft kaum auffällt. Im Gegensatz zur Werbung besteht hier die Unterstützung des Kommunikators durch den Akteur nicht in einer Zahlungsleistung, sondern darin, dass er ihm Arbeit abnimmt. Der Kommunikator kann Beiträge, die sonst seine MitarbeiterInnen produzieren müssten, gratis und franko übernehmen. Der Akteur weiß dafür, dass ein Thema, das sonst vielleicht gar nicht berücksichtigt würde, aus seiner Perspektive behandelt wird. „Der Vorteil für die Radiostationen: Sie erhalten professionelles Material zur kostenfreien Ausstrahlung. Das spart den Redaktionen Zeit und Personal. Wo das Thema gefällt, kann es in kürzester Zeit auf Sendung gehen." So kommentiert es eine CD, die für diese Art der Öffentlichkeitsarbeit (und damit leider auch für ein gewandeltes journalistisches Selbstverständnis) Werbung macht (Förster 1997).

Aus den Beitragstypen, die in der CD unterschieden werden, seien hier die folgenden genannt:

PR-Beitrag: Ein Beitrag mit O-Ton, der in Informationssendungen, aber, wenn er unterhaltend genug ist, auch in Begleitprogrammen eingesetzt werden kann. Kennzeichnend für PR-Beiträge ist nicht zuletzt die flächendeckende Verbreitung. Die Agenturen scheren sich weniger als die Redaktionen um Konkurrenz und Exklusivität ihrer Produkte. „Das Thema des Kunden wird in einer zweieinhalbminütigen Reportage aufbereitet und allen Radiosendern per Fax, Internet oder über den Postversand zur Ausstrahlung angeboten." (Förster 1997) Gerade wenn solche Beiträge ein Service-Element enthalten, werden sie gerne akzeptiert.

Info-Band: Oft werden mehrere Beiträge auf einem einzigen Band angeboten. Sie können dann einzeln oder als Reihe eingesetzt werden. Wenn sie dem Aktualitätsbedürfnis der Radioleute entgegenkommen (z. b. mit Bezug auf die Jahreszeit oder auf Festtage), haben sie durchaus Chancen, auch als ganze Serie übernommen zu werden.

Infomercial: Im Gegensatz zum PR-Beitrag wird das Infomercial im Sender selbst zu Ende produziert und vom Auftraggeber auch ähnlich wie ein *Commercial,* ein Werbespot, bezahlt.

Moderations-Service: Eine wichtige Textsorte im Begleitprogramm ist die sogenannte Mod-Meldung, ein kurzer Wortbeitrag, mit dem der Moderator seine Präsenz zusätzlich zu Musikmoderationen, Zeitansagen und Verkehrsmeldungen markiert. Die herkömmliche Art, eine Mod-Meldung zu produzieren, besteht darin, eine Agenturmeldung aus dem Bereich *Vermischtes* hörfunkgerecht zusammenzustutzen. Oft ist es aber schwierig, solche journalistischen Beiträge auf eine Pointe hin zu formulieren. Fertig zugelieferte Beiträge haben deshalb eine gute Chance, verwendet zu werden, wenn sie humorvoll ausfallen bzw. in einem praktischen Tip münden. Der PR-Agentur verschafft Moderations-Service wenig Produktionsaufwand; sie muss nur einen schriftlichen Text liefern; realisiert wird er live von der den HörerInnen vertrauten Stimme des Moderators oder der Moderatorin.

Sondersendung: Specials in der Dauer von einer Stunde oder mehr werden in Absprache mit einer Redaktion produziert. Auf Senderseite werden dabei weniger Skrupel auftauchen, wenn es sich um soziale Themen handelt (und der Auftraggeber z. B. eine Behörde oder Stiftung ist), als wenn die Sendung aus der Zusammenarbeit mit einem Wirtschaftsunternehmen (z. B. über die Entwicklung der Automobilbranche) entsteht.

Besonders illustrativ ist ein Beispiel solcher PR-Aktivität der Versicherungsbranche (aus Förster 1997). Eine ‚Mod-Meldung' von insgesamt 40 Sekunden widmet sich einer Neuregelung im Straßenverkehrsrecht:

> Ab sofort machen Mofafahrer blau. Das gilt allerdings nur für ihr Nummernschild. Denn ab 1. März muss ein neues, und zwar blaues Kennzeichen her. Nur so gilt der Versicherungsschutz. Wer sich ab 1. März mit seinem Mofa, Mokick oder Moped ohne neues blaues Nummernschild auf der Straße blicken lässt, kann sich auf eine Strafe gefasst machen.

Erst ganz am Schluss wird wie zufällig die Firma genannt, die den Beitrag initiiert hat:

> Also lieber rechtzeitig in eine Haftpflichtversicherung investieren. Die kostet beispielsweise bei der DBV Winterthur 129,50 Mark.

Nicht verschwiegen werden darf in diesem Zusammenhang, dass hier die Grenze zwischen Kommunikator und Akteur einmal mehr verschoben wird: Zwar können diese Beiträge durchaus professionell recherchiert und produziert sein; aber wer sie sendet, verzichtet auf einen Teil seiner journalistischen Autonomie, nämlich darauf, redaktionelle Kontrolle auszuüben. Während in der Presse der PR-Charakter (z. B. von Zeitungsbeilagen) noch zum Teil transparent gemacht wird, werden diese Beiträge im Radio genau wie eigene Produkte präsentiert: „Sie hören einen Beitrag von N.N.", heißt es, und nur wer weiß, dass N.N. kein Mitarbeiter des Senders ist, ahnt, dass es sich nicht um Journalismus, sondern um das Placement eines PR-Produkts handelt.

Das Umgekehrte geschieht im *Sponsoring*. Hier wird mitunter ein Beitrag angekündigt, als ob er von einem Unternehmen produziert worden wäre, obschon dieses nur seinen Namen dazu hergibt. („Dies war eine Servicemeldung der Münchner Opelhändler", ist z.B. die stereotype Abmoderation der Verkehrsnachrichten von *Radio Xanadu*.)

Für solche Formen *(easy sponsorship, soft sponsorship)*, bei denen der Sponsor den Inhalt der Sendung nicht beinflusst, ist charakteristisch, dass die Werbetreibenden die Inhalte über einen längeren Zeitraum präsentieren und dass der Beitrag oder die Sendung im Idealfall ein redaktionelles Produkt des Radios bleibt. Im Gegensatz zu Werbespots steht die Nennung des Sponsors losgelöst von den Werbebotschaften anderer Akteure. Sturm/Zirbik (1996, 222–223) sprechen vom *Patronat* und behalten den Begriff Sponsoring für die Fälle vor, in denen der Werbetreibende einen Einfluss auf den Inhalt des Beitrags hat.

Sponsoring in diesem Sinn kann (nach Schönle/Schlautmann 1991) wieder unterschiedliche Grade der Beteiligung des Werbekunden annehmen. Bei *hard sponsorship* wird die Sendung von der Redaktion nach den Vorstellungen eines Kunden gestaltet mit dem Ziel, ein ideales Umfeld für seine Werbespots zu bilden. Bei *heavy sponsorship* dagegen entsprechen die Themen der Sendung dem Image des Sponsors. Sie dient nicht nur als Werbeumfeld, sondern kann über ihre Aussagen und ihren Titel direkt mit ihm identifiziert werden (z.B. der *Diebels-Umwelt-Tip*).

Ein typisches Beispiel für *hard sponsorship* bietet das Gewinnspiel. Gewinnspiele nutzen die Möglichkeit, die Hörerbindung zu verstärken: Sie rufen das Publikum zu bescheidener Aktivität auf und ermöglichen, weil sie meistens das Telefon einsetzen, neue Formen der Identifikation der HörerInnen als Mitglied der betreffenden Senderfamilie. „Im Vorfeld werden die Gewinnspiele zwischen Kunden und Sendern genau abgestimmt und klingen dann, als gehörten sie zum eigenen Programm des Senders." (Förster 1997)

„In Gewinnspielen wird der Dialog mit der Öffentlichkeit am deutlichsten sichtbar", kommentiert der PR-Berater Franco P. Rota diese Form der Animation. Wie dieser „Dialog" aussehen kann, beschreibt er aus eigener Erfahrung:

„In den verschiedensten privaten Radiostationen im Bundesgebiet habe ich als Berater des bereits erwähnten Getränkeverbandes Gewinnspiele veröffentlicht. In diesen Gewinnspielen mit möglichst kurzer Sendedauer wurden Informationen zur Organisation mitgeteilt, die dann bei den Zuhörern ‚abgefragt' wurden." (Rota 1994, 153)

5.3. Programme und Formate: Der Rahmen für die Inszenierung

Aus der Auswahl der Inhalte und ihrer Kombination im zeitlichen Ablauf ergeben sich das Programm (als konkretes Angebot) und das Format (als allgemeinere Charakteristik) eines Radios. Während es früher notwendig war, jeden Tag ein gedrucktes Programm zu haben, um sich im wechselnden Angebot orientieren zu können, hat sich dies in den meisten Fällen stark geändert. Das Radio ist Begleitmedium geworden und strukturiert deshalb seinen Programmfluss viel weniger stark, auch weniger stark als das Fernsehen. Es gibt sich ein Gesicht, das unabhängig vom Wochentag erkennbar sein soll, wenn man auch nur kurze Zeit hinhört.

Dabei sieht es so aus, als ob sich die Gesichter immer ähnlicher würden. Sie müssen sich in ihrem Markt behaupten. Da gibt es zwar eine Vielzahl von Kanälen, aber sie buhlen um die gleichen Publikumssegmente, so dass die Rezipienten trotz aller Arbeit am akustischen Erscheinungsbild Probleme haben können, einen Sender wiederzuerkennen (Hättenschwiler 1990, 18–20).

Wenn sich die Radiostationen in den Anfangsjahrzehnten als Institutionen der Bildung und Unterhaltung sahen, sagen die Kommunikatoren des ausgehenden 20. Jahrhunderts zu ihrem Publikum: Ihr seid Teil des Marktes. Unser Produkt ist so konfektioniert, dass es leicht zu planen und kontinuierlich zu konsumieren ist.

5.3.1. Programmstruktur

Die Abfolge der einzelnen Programmteile im Stunden-, Tages- oder Wochenverlauf ergibt die *Programmstruktur* eines Senders. Feste Programmstrukturen können schon für die Anfangszeiten des Rundfunks nachgewiesen werden. Halefeldt (1997, 340–352) unterscheidet für die Weimarer Zeit im deutschen Hörfunk acht Programmbereiche (Vortragswesen, Zeitfunk, Servicesendungen, Zielgruppensendungen, Literarische Bildung, Musikalische Bildung, Anspruchsvolle Unterhaltung, Leichte Unterhaltung), die in längeren Blöcken von oft mehr als einer Stunde über den Tag verteilt waren. Die Programmstruktur kann für diese Frühzeit nur im Tagesüberblick wiedergegeben werden: Auf eine Stunde musikalische Unterhaltung folgt eine halbe Stunde Kinderfunk, darauf zehn Minuten Zeitfunk, zwanzig Minuten Frauenfunk, eine halbe Stunde Vortrag, gefolgt von ernster Musik usw.

Die Strukturierung der heutigen, servicebetonten Programme ist feinmaschiger als noch vor wenigen Jahrzehnten. Die Bausteine der Programme haben sich von Einzelsendungen zu Beiträgen entwickelt. Einzelsendungen sind in den gängigen Programmen zur Ausnahme geworden, was ihre Bezeichnung *Special* (auch in der Bedeutung einer thematisch einheitlichen Sendung im Rahmen eines ansonsten gemischten Magazins) andeutet.

Während lange Zeit mit einer Programmstruktur als kleinster Einheit der ganze Tag erfasst werden konnte, können für heutige Sender Stundenstrukturen gezeichnet werden (allerdings mit Variationen im Laufe des Tages). Sie können in einer „Programm-Uhr" (Hot-Clock) dargestellt werden. An der ‚Programm-Uhr' kann man ablesen, zu welchen Zeiten die Wort- und Musikanteile, Eigen- und Fremdbeiträge plaziert sind und wie lange sie dauern dürfen.

5.3.2. Vom Vollprogramm zum Zielgruppenprogramm

Das klassische Rundfunkprogramm war also ein *Full-service*-Programm, das im Laufe des Tages die unterschiedlichsten Zielgruppen mit allen möglichen Themen und Formen bediente. Die Sender brachten in ihrem Programm eine Mischung von Musik, Wort-Unterhaltung, Bildung und aktueller Information, aus der sich eine komplizierte Tages- und Wochenstruktur ergab (anschaulich zusammengestellt bei Halefeldt 1997, 348–351). Es waren ‚Einschaltprogramme', obschon Radio von Anfang an auch als Hintergrundmedium genutzt wurde. Die Entwicklung ging von dieser Vielfalt in ein und demselben Programm zu inhaltlich und zielgruppenmäßig enger definierten Angeboten. Dies ist nicht nur eine Folge der Hörgewohnheiten, sondern auch der Konkurrenz auf einem Markt mit immer mehr kommerziellen Stationen. In Deutschland und anderen europäischen Ländern, wo der kommerzielle Wettbewerb zunächst fehlte, setzte diese Bewegung allerdings relativ spät ein, nämlich erst, als nach dem Zweiten Weltkrieg die technische Entwicklung eine Erweiterung des Programm-Angebots erlaubte.

In den 1950er Jahren begannen die Sender die Möglichkeit zu nutzen, auf den neu hinzugekommenen UKW-Frequenzen weitere Programme anzubieten, zunächst noch ohne klare Abgrenzung von Formaten. Diese „zweiten Programme" wurden ähnliche Mischprogramme wie die ersten. „So bestand das zweite Programm des Süddeutschen Rundfunks anfangs fast ganz aus Wiederholungen aus dem ersten Programm und Übernahmen von anderen Rundfunkanstalten. Alle, die bestimmte Sendungen im Hauptprogramm nicht hatten hören können, sollten ein zweites Mal Gelegenheit dazu bekommen." (Lüke 1994, 74) Es dauerte bis in die 1960er Jahre, bis die Programme ihr eigenes Gesicht bekamen. Der *Süddeutsche Rundfunk* z.B. definierte ab Oktober 1967 sein zweites

Programm als Minderheitenprogramm, das wie die zweiten Programme anderer Sender anspruchsvollere Musik, literarische Produktionen und Bildungssendungen anbot.

Auch die „dritten Programme", die ihre Musikfarbe aus der Popmusik bezogen und sich an ein jüngeres Publikum wandten, hatten zuerst noch einen starken Mischcharakter. Im dritten Programm des *Südwestfunks* liefen zwar schon Ende der 1960er Jahre einzelne Sendungen für Jugendliche; aber erst 1975 war *SWF 3* als Vollprogramm an der ‚jugendlichen' Musikfarbe zu erkennen. Dass sich auch ein viertes Programm für ein älteres Zielpublikum lohnt, zeigte sich ab 1984 mit *WDR 4*, dem „meistgehörten Radioprogramm Deutschlands" (Eigenwerbung), das den Schwerpunkt auf Schlager und volkstümliche Musik legte (ähnlich wie ab 1991 auch *S 4* als Gemeinschaftsprogramm von *SWF* und *SDR*).

Früher schon musste das öffentliche Radio in Frankreich seinen Programmen Profil geben. Hier ist die Konkurrenz durch private, sogenannte periphere Sender seit Jahrzehnten Realität (vgl. Kap. 2.2.1.). Schon 1965 wurden die drei Programme stärker voneinander unterschieden und mit entsprechenden Namen versehen: *France Inter, France Culture, France Musique* (Bamberger 1997).

5.3.3. Formate

Je stärker ein Programm auf eine Nutzungsweise eingeengt ist, desto eher lässt sich von Format sprechen. Aus der bunten Abfolge unterschiedlicher Sendungen wird ein einheitliches Klangbild vom frühen Morgen bis zum Abend. In der radiospezifischen Konkurrenzsituation ist es nicht mehr die Serie oder das Special, mit dem die Hörer zu einer bestimmten Tageszeit angelockt werden, sondern es ist die gleichbleibende Programmfarbe, die dem Hörer kontinuierliche Unterhaltung im gewünschten Stil gewährleistet. Das entsprechende Produkt ist *Formatradio,* im Gegensatz zum *Programm-* oder *Einschaltradio,* das eine Vielfalt von Bedürfnissen unterschiedlicher Zielgruppen abdeckte. „Formatradio ist ein durchhörbares Begleitmedium, das zu allen Sendezeiten seinen Grundcharakter und Grundaufbau beibehält", definieren Sturm/Zirbik (1996, 143–144). „Alle Programmbestandteile (Musik, Wort, Verpackung) werden den Formatkriterien untergeordnet, sodass insgesamt ein einheitliches Programm entstehen kann."

Das *Format* eines Radioprogramms, sein spezifisches, immer wiederkehrendes Erscheinungsbild, ergibt sich aus:
 – Inhalten (Musik, Wort, Werbung)
 – Präsentation (Moderation, akustische Bearbeitung, Promotion)
 – Programmstruktur (Art, Länge der Programmelemente und ihre Abfolge).
Der Schwerpunkt bei der Formatbestimmung liegt meist auf der Musik. Für kommerzielle Sender reicht die Bestimmung der Musikfarbe zur Charakterisie-

rung aus, auch wenn weitere Elemente hinzukommen. „Primär über die Musik lässt sich ein Sender nachhaltig im Hörermarkt positionieren." (Sturm/Zirbik 1996, 201) Rein musikbezogene Formate finden sich in erster Linie in den USA. Dort unterscheidet man etwa: *AC (Adult contemporary), MOR (Middle of the road), CHR (Contemporary hit radio)* usw. Völlig um Wortbeiträge herum konzipiert sind dagegen die News-Formate, zum Beispiel: *All news, All sports, All business.*

Auf dem europäischen Markt werden die Formate allerdings meistens über mehr als nur ein Kriterium definiert. Auch bei musikorientierten Sendern kommen meist starke Informationselemente hinzu. Sie leisten einen *full service*. Typisch ist etwa die Selbstdarstellung von *S 4*, dem vierten Programm von *Südwestfunk* und *Süddeutschem Rundfunk*:

> S4 Baden-Württemberg ist das gemeinsame Landesprogramm des Südwestfunks und des Süddeutschen Rundfunks, ein Programm mit regelmäßigen Informationen und überwiegend deutsch-orientierter, melodischer Musik. Eingängige Melodien, Texte, die zu verstehen sind, und eine ausgeprägte Berücksichtigung heimatlicher Klänge sind das unverwechselbare musikalische Kennzeichen des Programms.

Da sich beim Kampf um immer wieder gleiche Hörergruppen die Musikfarben oft kaum mehr unterscheiden, ist in jüngerer Zeit die unverwechselbare Persönlichkeit der ModeratorInnen stärker betont worden, so dass der Moderationsstil bei der Formatgestaltung mehr Bedeutung bekommt.

Jenke (im Druck) unterscheidet für die heutige Radiolandschaft Deutschlands nach der Funktion der Musik die folgenden Hauptkategorien:

> „Ihren Eigenwert bewahrt" hat die Musik in den *integrierten Wort- und Musikprogrammen* (z. B. *DeutschlandRadio Berlin, S 2 Kultur*), die noch in sich abgeschlossene Sendungen enthalten. Da werden ganze Sinfonien oder Opern übertragen; klassische Musik und Jazz sind auch Gegenstand von Berichterstattung und Kritik.
>
> Auch in den *Tagesbegleitprogrammen* der öffentlich-rechtlichen Sender (z. B. *NDR 2, WDR 2, SWF 3*) werden die Wortbeiträge als wichtig angesehen. Die Musik soll dem Wort zu größerer Attraktivität und Akzeptanz verhelfen. Eine „Musikfarbe" soll erkennbar sein, wenn es sich auch um breitere Mischungen handelt als bei den Formaten der Privaten. Mit dem Ziel, Wortinformationen für ein jüngeres Publikum attraktiv zu machen, bieten die Öffentlich-Rechtlichen auch Begleitprogramme an, die sie zu *Zielgruppenprogrammen* eingeengt haben, z. B. *Fritz (ORB), N-joy (NDR)* und *Eins Live (WDR)*.
>
> *Formatierte, musikorientierte Programme* sind dagegen bei den privaten Sendern zu finden, wobei die Formate in Deutschland meist weiter gefasst sind als in den USA, aus denen die Vorbilder bezogen werden. Das Wort ist (abgesehen von den aktuellen Sendungen) meist Nebensache und dient, zumindest was die Moderation betrifft, der Unterstützung des Musikformats. Die öffentlich-rechtliche Konkurrenz bietet *genrespezifische Programme* an, die keinem engen Format folgen, aber sich doch auf bestimmte Musikgenres festlegen, z. B. *Bayern 4 Klassik, Radio 3 (NDR/OB/SFB), WDR 4*.

Die verschiedenen Konzepte entsprechen also unterschiedlichen Vorstellungen davon, was der Rezipient mit dem Programm tun soll: Er soll der Musik seine volle Aufmerksamkeit widmen oder sie zur Begleitung anderer Tätigkeiten nutzen. Sie zeigen aber auch verschiedene Auffassungen davon, was der Kommunikator mit dem Rezipienten vorhat: Er will ihn für die Wortbeiträge aufmerksamer machen oder ihm auch zu einem besseren, kritischeren Verständnis für Musik verhelfen. In einer Zeit, die die Musik in erster Linie als Stimmungsvermittlerin versteht, ist das Musikradio als Bildungsinstrument noch immer präsent.

5.3.4. Programming

Mit *Programming* bezeichnet man die Planung und Kontrolle des inhaltlichen Gesamtangebots einer Radiostation. Programming hat seine Basis in der Analyse des Marktes. Die zur Verfügung stehenden Zielpublika, die Werbekunden und die Konkurrenz bieten die Rahmenbedingungen, um ein kommerziell überlebensfähiges Radioprogramm zu entwerfen. Im nichtkommerziellen Bereich sind allerdings andere Richtlinien möglich – z.B. die Berücksichtigung von Minderheiten als Zielpublika oder auch die Beteiligung von Laien an der Produktion.

Die Planung eines neuen Lokalradios fängt bei der Suche nach einem Format an. Überraschenderweise bedeutet dies nicht unbedingt die Suche nach einer Marktlücke. Eichhorn/Riess/Scherer (1996, 224) vermuten aufgrund ihrer Analyse bayrischer Lokalradios, „dass insbesondere an den großen Standorten die Konkurrenz *nicht* zu einer starken Ausdifferenzierung im Programmangebot geführt hat, sondern dass statt dessen erfolgreiche Formate von neuen Anbietern kopiert werden".

Keith (1987) hat anhand seiner Erfahrung mit kommerziellen Radiostationen beschrieben, wie das Programming bei der Konzeption einer neuen Station vor sich geht. Es beginnt mit der Wahl eines passenden, leicht erinner- und sprechbaren Sendernamens. Die wichtigste Entscheidung aber ist die Wahl der Musik, die später in einer *Playlist* festgehalten wird, einer Aufzählung der Titel, die im Programm gespielt werden können. Zur musikalischen Planung gehören außer der Playlist die *Codification,* die Charakterisierung der Musikstücke nach Stimmung, Rhythmus, Tageszeit usw., sowie die *Rotation,* die Festlegung einer Wiederholungsfrequenz für einen Musiktitel.

Erst in zweiter Linie nennt Keith die Planung von Nachrichten. Kommerzielle Sender in Europa beziehen aber die Wortinformation oft recht stark ins Programming ein: Wie häufig sollen Nachrichtensendungen eingesetzt werden (wenn überhaupt)? Wie lange sollen sie dauern? Wie sollen darin internationale, nationale und regionale Inhalte verteilt sein? Hinzu kommt die eventuelle Plazierung von *Fenstern,* also von Fremdbeiträgen, z.B. kirchlichen Sendungen, dann die Häufigkeit und Form von *Wetterberichten* und Wetterprognosen.

Als weiteres programmprägendes Element wird die Moderation geplant: Es muss bestimmt werden, welche Moderationsstile eingesetzt werden sollen und wie der Stil sich im Tagesablauf ändern soll oder kann. Ebenso muss das zeitliche Verhältnis Moderation/Musik geplant werden. Damit verbunden ist die Wahl eines Stils für vorproduzierte Elemente wie *Jingles* und *Station IDs* sowie die Häufigkeit ihres Einsatzes.

Die Rolle der *Werbung* umfasst nicht nur deren Plazierung im Programm, sondern auch ihre Abgrenzung gegenüber den redaktionellen Beiträgen. Auch Spiele und andere Elemente im Grenzbereich zwischen Programm und Werbung müssen danach geplant sein, wie häufig und wann sie eingesetzt sind, und sie müssen auf das Zielpublikum abgestimmt sein.

Letztlich gehört zum Programming die Skizzierung der restlichen Wortbeiträge von der Thematik über die Länge bis zur Bandbreite ihrer Form.

5.3.5. Radioprogramme im Spiegel der technischen Entwicklung

Bereits im Zusammenhang mit den Zielgruppenprogrammen wurde deutlich, dass inhaltliche Entwicklungen nicht losgelöst von den technischen Möglichkeiten gesehen werden können. Dass die deutschen Sender in den 1950er Jahren mehrere Programme anboten, hängt mit der Nutzung der Ultrakurzwellen zusammen. Dass 1983 die schweizerischen Privatradios als Instrumente lokaler Kommunikation lanciert wurden, ist unter anderem damit zu begründen, dass auf nationaler Ebene die Konkurrenz mehrerer Dutzend UKW-Programme nicht zu realisieren wäre. Während wir bisher den Verflechtungen zwischen Wirtschaft und Programm mehr Aufmerksamkeit gewidmet haben, soll zum Abschluss dieses Kapitels über Radioinhalte auf die gegenseitige Abhängigkeit von Technik und Programm hingewiesen werden.

Radiosender haben für ihr Programm eine bestimmte elektrische Welle zur Verfügung. Über deren Frequenz werden die einzelnen Radios offiziell identifiziert. Diese Welle allein trägt aber noch keine Information. Sie muss ihr erst noch aufgebürdet werden. Man tut das, indem man ihre Amplitude beeinflusst, d. h. das Maß, wie stark sie in ihrer Schwingung von der Mittellage abweicht. So, wie sich die Klänge verändern, die gesendet werden sollen, verändert sich dann auch die Art, wie die Welle ‚ausschlägt'.

Dies ist, sehr vereinfacht, das Prinzip der ‚Amplitudenmodulation', die dem Radiobetrieb auf Kurz-, Mittel- und Langwelle zugrunde liegt (auf den meisten heutigen Geräten mit der Abkürzung *AM* zusammengefasst). Von den Vor- und Nachteilen dieser Technik kann man sich leicht mit Hilfe eines Radioempfängers überzeugen: Sie ermöglicht es, auch weit entfernte Sender zu empfangen, weil kein direkter Kontakt zwischen Sender und Empfänger notwendig ist. Aber die Qualität des Signals ist sogar bei optimalen Empfangsbedingungen beschränkt.

Zwar war es für die normalen Konsumenten in den Anfangsjahren noch nicht selbstverständlich, dass sie mit ihren AM-Geräten viel mehr als den oder die nächsten Sender empfingen. Dennoch war das Radio schon bald selbstverständliches Instrument für den Zugang zu einem internationalen Angebot. In Europa war deshalb die hohe Zeit der Amplitudenmodulation auch die Zeit der leichten Überwindung von Distanzen. AM hat immer noch große Bedeutung. Aber aus der Sicht eines industrialisierten europäischen Landes hat spätestens in den 1970er Jahren die Zeit einer anderen Technik begonnen: diejenige der Frequenzmodulation (FM). Wer heute in Deutschland ein Radiogerät (oder einen Tuner für die Stereoanlage) kauft, interessiert sich kaum dafür, ob es auch einen AM-Teil hat, und er wird mit großer Wahrscheinlichkeit auch nur das hören, was ihm über FM – oder wie man hierzulande sagt: über UKW – angeboten wird.

Die Sender auf Ultrakurzwellen nutzen eine andere Möglichkeit, der Trägerwelle ihre Informationen aufzubürden. Sie verändern nicht primär die Amplitude, sondern die Frequenz. Der Vorteil der Frequenzmodulation besteht für den Hörer vor allem darin, dass sie einen sehr viel klareren und störungsarmen Empfang ermöglicht. Der Nachteil ist die geringere Reichweite. FM-Sender müssen ihr Empfangsgebiet ohne Umweg erreichen. Zumindest aus europäischer Sicht bedeutete deshalb das Aufkommen von UKW eine Stärkung der Anbieter aus dem Nahbereich. Die öffentlich-rechtlichen Sender der Bundesrepublik nutzten die Technik dazu, ein zweites und drittes, später viertes und fünftes Programm anzubieten. Wer früher auf Mittelwelle die Wahl hatte zwischen *München, Köln* und *Beromünster,* der hatte jetzt auf UKW die Wahl zwischen *Bayern 1, Bayern 2, Bayern 3* usw. Das Radio verlor zu einem großen Teil seine Rolle als ‚Fenster zur Welt' und gewann eine neue Rolle als Medium des Lokalen und Regionalen. Mit dem Aufkommen privater Sender scheint diese Tendenz noch verstärkt worden zu sein. Die Verkabelung relativiert dies mittlerweile zwar, aber nur für stationäres Hören.

In anderen Weltgegenden, z.B. den USA, war das Radio allerdings schon früher sehr stark als regionales Medium eingeführt. In den USA ist Radio traditionell eine regionale Sache. Da gilt diese Unterscheidung *AM = überregional; FM = Nahbereich* nicht im gleichen Maß. Noch in den 1960er Jahren waren die etablierten Sender unabhängig von ihrer Reichweite AM-Sender, obwohl der Frequenzbereich von 88 bis 106 Megahertz schon 1945 für den Rundfunk freigegeben worden war. FM-Stationen begannen als kleine private Unternehmen mit spezialisierten, zielgruppenorientierten Programmen (oft als Modelle mit finanzieller Unterstützung ihrer HörerInnen). Erst mit der Zunahme von HiFi-Anlagen und mit der Einführung von Stereo auf UKW in den 1960er Jahren begannen sich die HörerInnen für UKW-Sendungen zu interessieren, und allmählich strahlten auch größere Stationen ihre Sendungen über FM aus.

In den 1990er Jahren scheint mit der Digitalisierung des Rundfunks die Entwicklung wieder weg von der Betonung des Lokalen und Regionalen zu gehen. Ziel ist u. a. ein Sendernetz, das es einem Autofahrer erlaubt, in Konstanz einen Sender einzustellen und ihn noch in Schleswig-Holstein zu hören, ohne dauernd die Frequenz wechseln zu müssen. Die technischen Vorzüge bestehen in einer Erweiterung des Programmangebots bei einer besseren Ausnutzung der Frequenzen, einer Einsparung an Sendeleistung, einem störungsärmeren Empfang, einer besseren Klangqualität, und in zusätzlicher Übertragung digitaler Informationen (Faehndrich 1998).

Digitales Radio (DAB zunächst als *digital audio broadcasting,* heute nur noch als *digital radio* vermarktet) wurde deshalb auch primär für Autofahrer propagiert. Ob sich der Umstand, dass auch die Tonqualität besser ist als beim analogen Radio (was insbesondere ein Argument für die stationäre Nutzung wäre), vom Hörer wahrgenommen wird, muss sich noch zeigen.

Ein Verkaufsargument für DAB ist, dass es die Übertragung zusätzlicher Daten erlaubt. In beschränktem Umfang war es schon längere Zeit möglich, UKW-Signale mit ergänzenden Informationen wie Senderkennung und Verkehrsmeldungen zu versehen. Digitales Radio aber ermöglicht sehr viel reichhaltigere Zusatzinformationen, die auf einem separaten kleinen Bildschirm sichtbar gemacht werden können. Wer sich dafür interessiert, kann dort zum Beispiel Verkehrsinformationen oder Angaben über die gerade zu hörende Musik abrufen. Das Betrachten von Standbildern auf einem kleinen Bildschirm mag zwar einer Autofahrt etwas mehr Dramatik verleihen (eine erste Untersuchung zeigt, dass sich die Beifahrer nur widerwillig als Bediener des Radiogeräts einspannen lassen: Kliment 1997, 576), ob es vom Hörer zu Hause für besonders attraktiv empfunden wird, steht noch offen. Denn dort ist ja das Fernsehen mit seinen bewegten Bildern und seinem Bildschirmtext längst eingeführt.

Die Förderung von DAB (und auch digitalem Fernsehen) in Europa hat einen wirtschaftspolitischen Hintergrund, der für die Förderung der „neuen Medien" insgesamt und den „Eintritt in die Informationsgesellschaft" gilt, einem Bereich, in dem man sich am Ende des 20. Jahrhunderts noch ein wirtschaftliches Wachstum verspricht und damit die Möglichkeit, die Wettbewerbsfähigkeit und damit einzelne Produktionsstandorte mit hochwertigen Arbeitsplätzen in Europa zu erhalten. Unter dem Namen *Eureka 147* haben sich europäische Unternehmen und Forschungseinrichtungen zu einer DAB-Initiative mit dem Ziel zusammengeschlossen, dass die maßgebenden technischen Standards für Sendung und Empfang in Europa entwickelt werden sollen (DAB-Plattform 1998).

Im Blick auf andere Länder, gerade auf Länder der Dritten Welt, muten die jüngsten Entwicklungen an wie eine Absage an die derzeitigen Vorzüge des einfachen und billigen Mediums Radio. Auch wenn DAB-Übertragungsverfahren letztlich als kostengünstig und umweltfreundlich geschildert werden (Faehndrich 1998, 16), werden auf Sender- und Empfängerseite zunächst erhebliche Investitionen nötig. Zudem wenden sich die Zusatzdienste über den Bildschirm an ein alphabetisiertes Publikum. Wohin die Entwicklung gehen wird, ist zur Zeit nicht abzusehen. Zu hoffen ist, dass das Radio auch das schnelle und einfache Medium bleibt, das sich durch relativ leichte Zugänglichkeit als Rezeptions- wie Produktionsmedium auszeichnet.

Literatur

Abe, Yoshiya (1990): Media and Religion under a Church-State Separation Scheme – the Japanese Case. Social Compass 37 (1990), 169–178.
Albert, Pierre/Tudesq, André-Jean (1981:1995): Histoire de la radio-télévision. Que sais-je? 1904. Paris: Presses universitaires de France.
Armbruster, Brigitte/Hertkorn, Ottmar (1979): Schulfunk im Unterricht. Eine Studienanleitung für die Lehrerausbildung und Lehrerfortbildung. Köln: Greven.
Arnheim, Rudolf (1933:1979), Rundfunk als Hörkunst. München/Wien: Hanser.
Arnold, Bernd-Peter (1991): Die Eigenarten des Mediums – Programmauftrag und Programmstrukturen. In: Arnold/Quandt 1991, 133–144.
–/Quandt, Siegfried (Hg.) (1991): Radio heute: die neuen Trends im Hörfunkjournalismus. (Kommunikation heute und morgen, 3) Frankfurt/Main: Institut für Medienentwicklung und Kommunikation.
Bamberger, Manuel (1997): La radio en France et en Europe. Que sais-je? 3218. Paris: Presses universitaires de France.
Barnouw, Erik A. (1966–1970): A history of Broadcasting in the United States, 3 vol., New York: Oxford University Press.
Bausch, Hans (1980): Rundfunkpolitik nach 1945. Erster Teil: 1945–1962; zweiter Teil, 1963–1980 (= Hans Bausch (Hg.): Rundfunk in Deutschland, 3 und 4) München: dtv.
Bausinger, Hermann (1996): Zur Identität der Baden-Württemberger. Kulturelle Raumstruktur und Kommunikation in Baden-Württemberg. Südfunk-Hefte 23. Stuttgart: SDR.
Berkenbusch, Gabriele (1998): De la lingüística del texto al análisis de los procedimientos verbales: emisiones de radio con participación de los oyentes. Erscheint in: Signo y Seño, Buenos Aires.
Bessler, Hansjörg (1980): Hörer- und Zuschauerforschung. (= Hans Bausch (Hg.): Rundfunk in Deutschland, 5) München: dtv.
Böckelmann, Frank (1975): Theorie der Massenkommunikation. es 658. Frankfurt/Main: Suhrkamp.
Borsum, Ingo (1996): Konzeption und Umsetzung eines Hitradios. Conception et lancement d'une hitradio. In: Koch/Schröter/Albert/Rieffel 1996, 209–215.
Bourgault, Louise M. (1995): Mass Media in Sub-Saharan Africa. Bloomington/Indianapolis: Indiana University Press.
Boyd, Douglas A. (1993): Broadcasting in the Arab World. A Survey of the Electronic Media in the Middle East. Ames: Iowa State University Press.
Bregman, Dorine/Dayan, Daniel/Ferry, Jean-Marc/Wolton, Dominique (Hg.) (1989): Le nouvel espace public. HERMES Cognition Communication Politique 4. Paris: CNRS.
Breunig, Christian (1997): Datendienste im Digital Radio. Media Perspektiven 10/97, 558–573.

Bucher, Hans-Jürgen/Klingler, Walter/Schröter, Christian (1995): Radiotrends. Formate, Konzepte und Analysen. Baden-Baden: Nomos.

–/Schröter, Christian (1990): Programmstrukturen des privat-rechtlichen Hörfunks in Baden-Württemberg und Rheinland-Pfalz. Tübingen.

Burger, Harald (1984:1990): Sprache der Massenmedien. Berlin/New York: de Gruyter.

- (1996): Laien im Fernsehen. In: Biere, Bernd Ulrich/Hoberg, Rudolf (Hg.): Mündlichkeit und Schriftlichkeit im Fernsehen. Tübingen: Narr, 1996, 41–80.

Cabanis, Rainer M. (1991): Strategien für lokales Radio. In: LaRoche/Buchholz 1980:1991, 236–239.

Crisell, Andrew (1986): Understanding Radio. London/New York: Methuen.

DAB-Plattform (1998): Digital Radio in Aller Welt. DAB-Plattform e. V. 1998 (publiziert unter: http://www.dab-plattform.de).

Dickreiter, Michael (1973:1987): Handbuch der Tonstudiotechnik. München: Saur.

Diller, Ansgar (1980): Rundfunkpolitik im Dritten Reich. (= Hans Bausch [Hg.]: Rundfunk in Deutschland, 2) München: dtv.

- (1997): Rundfunkgeschichte. In: Was Sie über Rundfunk wissen sollten, 311–368.

Doelker, Christian (1979): Wirklichkeit in den Medien. Zug: Klett.

Drăgan, Ioan (1996): Paradigme ale comunicării de masă. Bucuresti: SANSA.

Drechsler, Nanny (1988): Die Funktion der Musik im deutschen Rundfunk (1933–1945). Pfaffenweiler: Centaurus.

Dussel, Konrad/Lersch, Edgar/Müller, Jürgen K.: Rundfunk in Stuttgart 1959–1959. Südfunk-Hefte 21. Stuttgart: Süddeutscher Rundfunk.

Duval, René (1979): Histoire de la radio en France. Pairs: Alain Moreau.

Eckhardt, Josef (1982): Stellenwert des Radiohörens. Versuch eines neuen Forschungsansatzes. Rundfunk und Fernsehen (30), 178–188.

- (1987): Musikakzeptanz und Programmstrategien des Hörfunks. Media Perspektiven 7/1987, 405–427.

- (im Druck): Kommunikative und psychologische Dispositionen beim Radiohören. Erscheint in: Leonhard/Ludwig/Schwarze/Straßner (im Druck).

Eichhorn, Wolfgang/Riess, Martin/Scherer, Helmut (1996): Die publizistischen Leistungen der Lokalradios in Bayern. In: Hömberg, Walter/Pürer, Heinz (Hg.): Medien-Transformation. Zehn Jahre dualer Rundfunk in Deutschland. Schriftenreihe der DGPuK, 22. Konstanz: UVK, 210–226.

Emrich, Ernst (1996): Zehn Thesen zu den Radioentwicklungen in der ARD. Dix thèses sur le développement de la radio au sein d'ARD. In: Koch/Schröter/Albert/Rieffel (1996), 159–170.

Engelman, Ralph (1996): Public Radio and Television in America. A Political History. Thousand Oaks/London/New Delhi: Sage.

Escarpit, Robert (1991): L'information et la communication. Théorie générale. Paris: Hachette.

Faehndrich, Henner (1998): DAB-Pilotprojekt Baden-Württemberg. Abschlussbericht der DAB-Pilotprojekt Baden-Württemberg GmbH. Südfunk-Hefte 24. Stuttgart: SDR.

Faulstich, Werner (1981), Radiotheorie. Eine Studie zum Hörspiel ‚The War of the World' (1938) von Orson Welles. Tübingen: Narr.

- (1994): Medium. In: Werner Faulstich (Hg.): Grundwissen Medien. utb. 1773. München: Fink, 17–100.

Ferry, Jean-Marc (1989): Les transformations de la Publicité politique. In: Bregman/Dayan/Ferry/Wolton 1989, 15–26.

Literatur

Folkerts, Jean/Teeter, Dwight L. (1989): Voices of a Nation. A history of the media in the United States. New York: MacMillan.

Förster, Hans-Peter (Hg.) (1997): PR im Radio. Neue Möglichkeiten der Öffentlichkeitsarbeit. 21 Hörbeispiele und Insider-Infos aus 10 Branchen. (Trend-CDs für Querhörer) Neuwied/Kriftel/Berlin: Luchterhand.

Frischmuth, Barbara (1996): Radio Days. In: Haedecke, Gert (Hg.): Kulturradio. Erinnerungen und Erwartungen. Bonn: Pahl-Rugenstein, 13–19.

Grieger, Karlheinz/Kallert, Ursi/Barnay, Markus (1987): Zum Beispiel Radio Dreyeckland. Wie freies Radio gemacht wird. Geschichte, Praxis, politischer Kampf. Freiburg: Dreisam.

Grossenbacher, René (1988): Journalismus in Entwicklungsländern. Medien als Träger des sozialen Wandels? Köln/Wien: Böhlau.

Grossmann-Vendrey, Susanna (1997): Rundfunk und etabliertes Musikleben. In: Leonhard 1997, 725–846.

Haas, Michael H./Frigge, Uwe/Zimmer, Gert (1991): Radio-Management. Ein Handbuch für Radio-Journalisten. München: Ölschläger.

Halefeldt, Horst O. (1986): Das erste Medium für alle? Erwartungen an den Hörfunk bei seiner Einführung in Deutschland Anfang der 20er Jahre. Rundfunk und Fernsehen 34 (1986), 23–43 und 157–176.

– (1997): Sendegesellschaften und Rundfunkordnungen. In: Leonhard 1997, 13–352.

Hall, Peter Christian (1997): Rundfunk in der Bundesrepublik Deutschland. Dualer Rundfunk: ein neues System – und die Folgen. In: Was Sie über Rundfunk wissen sollten, 15–85.

Hättenschwiler, Walter (1990): Radiohören im Umbruch. Hörerforschung und ihre Ergebnisse in der Schweiz. Diskussionspunkt 20. Zürich: Seminar für Publizistikwissenschaft der Universität Zürich.

Häusermann, Jürg (1983): Radio Bertoua. Erfahrungen mit Lokalradios in Kamerun. Hörfunksendung, Radio DRS-2, 13.9.1983.

– (1993): Journalistisches Texten. Sprachliche Grundlage für professionelles Informieren. Schriften zur Medienpraxis 9. Aarau/Frankfurt/Main: Sauerländer.

– (1995): Medienrhetorik. In: Rhetorik 14 (1995), 9–18.

– (1996): Im Dialog mit dem Akteur. Journalistisches Zitieren im Fernsehbericht. In: Biere, Bernd Ulrich/Hoberg, Rudolf (Hg.): Mündlichkeit und Schriftlichkeit im Fernsehen. Tübingen: Narr, 81–100.

– (im Druck): Kuck mal, wer da spricht! Massenkommunikation als Aushandeln von Texten. Erscheint in: Ueding, Gerd/Vogel, Thomas (Hg.): Von der Kunst der Rede und Beredsamkeit. Tübingen: Attempto (im Druck).

–/Käppeli, Heiner (1986:1994): Rhetorik für Radio und Fernsehen. Schriften zur Medienpraxis 1. Aarau/Frankfurt/Main: Sauerländer.

Hayman, Graham/Tomaselli, Ruth (1987): Ideology and Technology in the Growth of South African Broadcasting, 1924–1971. In: Tomaselli, Ruth/Tomaselli, Keyan/-Muller, Johan (Hg.): Broadcasting in South Africa. Belleville, Cape: Anthropos; New York: St. Martin's; London: James Currey, 23–83.

Head, Sydney W./Sterling, Christopher H. (1990): Broadcasting in America. A survey of electonic media. Boston: Houghton Mifflin (6th ed.) 1990.

Heidinger, Veronika/Schwab, Frank/Winterhoff-Spurk, Peter (1993): Offene Kanäle in der Aufbauphase. Medien-Perspektiven 7/1993, 336–341.

Heinrich, Jürgen (1994): Medienökonomie. Band 1: Mediensystem, Zeitung, Zeitschrift, Anzeigenblatt. Opladen: Westdeutscher Verlag.

Herrmann, Friederike (im Druck): Theorien des Hörfunks. Erscheint in: Leonhard/Ludwig/Schwarze/Straßner (im Druck).
Hesse, Albrecht (1994): Wahlwerbung und Wahlberichterstattung im Rundfunk. Rundfunk und Fernsehen (42), 351–368.
Heynold, Helge (1992): Von Schützengräben, Schlagern und Strukturreformen. Radio-Unterhaltung von 1877 bis heute. agenda 2/1992, 27–29.
Holly, Werner (1995): Secondary Orality in the Electronic Media. In: Quasthof, Uta M. (Hg.): Aspects of Oral Communication. Berlin/New York: de Gruyter, 340–359.
Hömberg, Walter/Pürer, Heinz (Hg.) (1996): Medien-Transformation. Zehn Jahre dualer Rundfunk in Deutschland. Schriftenreihe der Deutschen Gesellschaft für Publizistik- und Kommunikationswissenschaft, 22. Konstanz: uvk.
Hörburger, Christian (1975): Das Hörspiel der Weimarer Republik. Versuch einer kritischen Analyse. Stuttgart: Heinz.
Huhn, Dieter/Prinz, Detlef (1990): Zeitungen – Radio – Fernsehen. Ratgeber für empanzipatorischen Umgang mit den Medien. Köln: Bund-Verlag.
Jahrbuch der Landesmedienanstalten 1995/96 (1996). Privater Rundfunk in Deutschland. Hg. von der Arbeitsgemeinschaft der Landesmedienanstalten in der Bundesrepublik Deutschland (ALM). München: Reinhard Fischer.
Jarren, Otfried/Bendlin, Rüdiger/Grothe, Thorsten/Storll, Dieter (1993): Lokalradio im Urteil lokaler Eliten. Ergebnisse einer Studie über die Auswirkungen lokaler Radios in vier ausgewählten nordrhein-westfälischen Kommunikationsräumen. Rundfunk und Fernsehen (41), 393–404.
Jenke, Manfred (im Druck): Die Geschichte des Musikprogramms. Erscheint in: Leonhard/Ludwig/Schwarze/Straßner (im Druck).
Jonscher, Norbert (1995): Lokale Publizistik. Theorie und Praxis der örtlichen Berichterstattung. Ein Lehrbuch. Opladen: Westdeutscher Verlag.
Keith, Michael C. (1987): Radio Programming. Consultancy and Formatics. Boston/London: Focal Press.
Kiefer, Marie Luise (1996a): Das duale Rundfunksystem – wirtschaftstheoretisch betrachtet. In: Hömberg/Pürer 1996, 81–97.
– (1996b): Unverzichtbar oder überflüssig? Öffentlich-rechtlicher Rundfunk in der Multimedia-Welt. Rundfunk und Fernsehen 44, 7–26.
Kiessling, Bernd (1996): Hörerbindung durch Hörerbeteiligung. Wirkungsmechanismen von Kommunikationsformaten im kommerziellen Hörfunk. Medien und Erziehung 4/1996, 235–241.
Klapper, Joseph T. (1960): The Effects of Mass Communication. New York: The Free Press.
Kleinsteuber, Hans (Hg.) (1991): Radio, das unterschätzte Medium: Erfahrungen mit nichtkommerziellen Lokalstationen in 15 Staaten. Berlin: vistas.
– (1994): Nationale und internationale Mediensysteme. In: Merten et al. 1994, 544–569.
– (im Druck): Gegenwärtige Organisationsstrukturen des Hörfunks. Erscheint in: Leonhard/Ludwig/Schwarze/Straßner (im Druck).
Kleinwächter, Wolfgang (1995): Rundfunkrecht in Osteuropa: Der mühselige Weg vom Einheitsrundfunk zum dualen System. In: Erbring, Lutz (Hg.): Kommunikationsraum Europa. Schriftenreihe der Deutschen Gesellschaft für Publizistik- und Kommunikationswissenschaft 21. Konstanz: UVK Medien/Ölschläger, 85–103.
Kliment, Tibor (1997): Akzeptanz und Markt-Potential von Digital Radio. Media Perspektiven 10/97, 574–584.

Literatur

Klingler, Walter (im Druck): Die Hörfunkkonsumenten. Erscheint in: Leonhard/Ludwig/ Schwarze/Straßner (im Druck).

–/Windgasse, Thomas (1994): Der Stellenwert des Hörfunks als Informationsquelle in den 90er Jahren. In: Jäckel, Michael/Winterhoff-Spurk, Peter (Hg.): Politik und Medien. Analysen zur Entwicklung der politischen Kommunikation. Berlin: Vistas, 103–122.

Klippert, Werner (1977): Elemente des Hörspiels. Stuttgart: Reclam.

Knilli, Friedrich (1961): Das Hörspiel. Mittel und Möglichkeiten eines totalen Schallspiels. Stuttgart.

Koch, Ursula E. (1996): 70 Jahre „Rundfunk für alle". Meilensteine der deuschen Hörfunkgeschichte. Soixante-dix ans de „radio pour tous". L'histoire de la radio allemande, vue par périodes. In: Koch/Schröter/Albert/Rieffel 1996, 49–72.

–/Schröter, Detlef/Albert, Pierre/Rieffel, Rémy (1996): Hörfunk in Deutschland und Frankreich. Journalisten und Forscher im Gespräch. La Radio en France et en Allemagne. Un dialogue entre journalistes et chercheurs. München: R. Fischer.

Kribus, Felix (1995): Das deutsche Hörfunk-Feature. Geschichte, Inhalt und Sprache einer radiogenen Ausdrucksform. Diss. Tübingen.

Krohn, Dörthe (1995): Die Wellen der Freiheit. Das letzte Welttreffen freier Radios in Mexiko und das kommende in Senegal. Medium 1/95, 11–13.

Kühn, Hellmut (1976): Die Musik in deutschen Rundfunkprogrammen. In: Schmidt 1976, 24–43.

Kunczik, Michael (1985): Massenmedien und Entwicklungsländer. Köln/Wien: Böhlau.

Kutsch, Arnulf (1993) (Hg.): Rundfunk im Wandel. Beiträge zur Medienforschung. Berlin: Vistas.

Laemmel, Christian (1996): Radio Dreyeckland: un programme de proximité. Radio Dreyeckland: ein Bürgerradio. In: Koch/Schröter/Albert/Rieffel (1996), 205–208.

Laerum, Sabine (1998): Humor im Büro. Tübingen: Logo.

LaRoche, Walther von (1991): Jingle – die Grundlagen. In: LaRoche/Buchholz 1980:1991, 194–198.

–/Buchholz, Axel (1980:1991): Radio-Journalismus. Ein Handbuch für Ausbildung und Praxis im Hörfunk. München: List.

Lenk, Carsten (1997): Die Erscheinung des Rundfunks. Einführung und Nutzung eines neuen Mediums 1923–1932. Opladen: Westdeutscher Verlag.

Leonhard, Joachim Felix (Hg.) (1997): Programmgeschichte des Hörfunks in der Weimarer Republik. (2 Bde.) München: dtv.

–/Ludwig, Hans-Werner/Schwarze, Dietrich/Straßner, Erich (Hg.) (im Druck): Medienwissenschaft. Ein internationales Handbuch. Berlin/New York: de Gruyter (im Druck).

Lerg, Winfried B. (1965:1970): Die Entstehung des Rundfunks in Deutschland. Herkunft und Entwicklung eines publizistischen Mittels. Beiträge zur Geschichte des deutschen Rundfunks Bd. 1. Frankfurt/Main: Knecht.

– (1980); Rundfunkpolitik in der Weimarer Republik. (= Hans Bausch (Hg.): Rundfunk in Deutschland, 1) 1. München: dtv.

Lersch, Edgar (1995): Das Hörfunkprogramm. Lebensumstände der Hörer und ihre Erwartungen an das Radioprogramm. In: Dussel/Lersch/Müller (1995), 91–200.

Lewis, Peter M. (1991): Referable words in radio drama. In: Scannell (1991a, 14–30).

Luchsinger, Kaspar (1983): Die Präsenz der Kantone in den elektronischen Medien, Zürich: Seminar für Publizistikwissenschaft.

Lutz, Benedikt/Wodak, Ruth (1987): Information für Informierte. Linguistische Studien zu Verständlichkeit und Verstehen von Hörfunknachrichten. Wien: Verlag der Österr. Akademie der Wissenschaften.

Mautner, Gerlinde (im Druck): Kommunikative Funktionen der Hörfunknachrichten. Erscheint in: Leonhard/Ludwig/Schwarze/Straßner (im Druck).
McFarland, David T. (1990): Contemporary Radio Programming Strategies. Hillsdale/Hove/London: Erlbaum.
McLuhan, Marshall (1964:1968): Die magischen Kanäle (Understanding Media). Düsseldorf/Wien: Econ.
McQuail, Denis (1983:1989): Mass Communication Theory. London/Newbury Park/New Delhi: Sage.
Medien 1997/98. Medienkonzerne in Deutschland: Entwicklung, Daten, Kontakte. Hg. von Michael Geffken. München: Europa-Fachpresse-Verlag.
Merten, Klaus/Schmidt, Siegfried J./Weischenberg, Siegfried (Hg.) (1990): Funkkolleg Medien und Kommunikation. Konstruktionen von Wirklichkeit. Weinheim/Basel: Beltz.
– (1994): Die Wirklichkeit der Medien. Opladen: Westdeutscher Verlag.
Miglioretto, Bianca (1995): Zum Beispiel Zimbabwe: Hörerinnenklubs auf dem Land. ZeitSchrift für Kultur, Politik, Kirche (Bern) 44 (1995), 443.
Milev, Rossen (Hg.) (1995): Radio auf dem Balkan. Zur Entwicklung des Hörfunks in Südosteuropa. Hamburg: Hans-Bredow-Institut.
Minkkinen, Sirkka/Nordenstreng, Kaarle/Rand, Max/Starck, Margaretha (1975): Joukkotiedotus. Helsinki: Tammi.
Mühl-Benninghaus, Wolfgang (1997): Rundfunkgeschichte. Sowjetische Besatzungszone. DDR. Die Wende. In: Was Sie über Rundfunk wissen sollten, 369–394.
Neumann-Braun, Klaus (1993): Rundfunkunterhaltung. Tübingen: Narr.
Noonan, Peggy (1990): What I Saw at the Revolution. A Political Life in the Reagan Era. New York: Ballantine.
Nöllke, Claudia (1997): Ganz Ohr für PR. pr magazin 1/97, 12–16.
Ong, Walter J. (1982:1996): Orality and Literacy. The Technologizing of the Word. London: Routledge.
Ortoleva, Peppino (1995): Mass Media. Nascita e industrializzazione. Firenze: Giunti.
Platte, Hans K. (1965): Soziologie der Massenkommunikationsmittel. Analysen und Berichte. München: Reinhardt.
Prott, Jürgen (1994): Ökonomie und Organisation der Medien. In: Merten/Schmidt/Weischenberg 1994, 481–505.
Pünter, Otto (1971): Schweizerische Radio- und Fernsehgesellschaft 1931–1970: Bern: SRG.
Ramseier, Markus (1988): Mundart und Standardsprache im Radio der deutschen und rätoromanischen Schweiz. Reihe Sprachlandschaft 6. Aarau, Frankfurt/Main, Salzburg: Sauerländer.
Ring, Wolf-Dieter (1996): Wieviel gesellschaftliche Kontrolle braucht das Radio? En quoi la radio a-t-elle besoin d'un contrôle sociale? In: Koch/Schröter/Albert/Rieffel 1996, 73–84.
Rota, Franco P. (1994): PR- und Medienarbeit im Unternehmen. Instrumente und Wege effizienter Öffentlichkeitsarbeit. 2. Auflage (dtv 5814). München: Beck/dtv.
Rowland; Willard D., Jr./Tracey, Michael (1988:1989): Selbstmord aus Angst vor dem Tod? Aktuelle Herausforderungen für den öffentlichen Rundfunk überall auf der Welt. Media Perspektiven 8/89, 469–480.
Sartori, Carlo (1984): La radio, un medium per tutte le stagioni. In: Giovannini, Giovanni (Hg.): Dalla selce al silicio. Storia dei mass media. Torino: Gutenberg 2000, 183–210.

Literatur

Saxer, Ulrich (1989): Lokalradios in der Schweiz. Schlußbericht über die Ergebnisse der nationalen Begleitforschung zu den lokalen Rundfunkversuchen 1983–1988. Zürich.
- (1991): Medien als problemlösende Systeme. Die Dynamik der Rezeptionsmotivation aus funktional-struktureller Sicht. Spiel 10, 1991, 45–79.
Scannell, Paddy (1988): Radio times. The temporal arrangements of broadcasting in the modern world. In: Drummond, Philip/Paterson, Richard (eds.): Television and its audience. International research perspectives. London: British Film Institute.
- (1991b): Introduction: The Relevance of Talk. In: Scannell, Paddy (1991a), 1–13.
- (ed.) (1991a): Broadcast Talk. London/Newbury Park/New Delhi: Sage.
-/Cardiff, David (1991): A Social History of British Broadcasting. Volume One 1922–1939. Serving the Nation. Oxford/Cambridge: Blackwell.
Schade, Edzard (1994): Rundspruch an alle. Radiopolitik in der Schweiz. Du 6/1994, 21-26.
Schäffner, Gerhard (1994): Hörfunk. In: Faulstich, Werner (Hg.): Grundwissen Medien. UTB 1773. München: Fink, 235–254.
Scherer, Wolfgang (1994): Die Stimme seines Herrn. Zur Kriegsgeschichte der Schallaufzeichnung. Radio-Feature, S 2 Kultur, 4.7.1994.
Schiffer, Michael Brian (1991): The Portable Radio in American Life. Tucson, London: The University of Arizona Press.
Schiller-Lerg, Sabine (1984): Walter Benjamin und der Rundfunk. Programmarbeit zwischen Theorie und Praxis. München: Saur.
Schmidt, Hans-Christian (Hg.) (1976): Musik in den Massenmedien Rundfunk und Fernsehen. Perspektiven und Materialien. Mainz: Schott.
Schmidt, Klaus Jürgen (1989): Die Zimbabwe Broadcasting Corporation (ZBC). Rundfunk und Fernsehen 37, 524–531.
Schmidt, Siegfried J. (1990): Wir verstehen uns doch? Von der Unwahrscheinlichkeit gelingender Kommunikation. In: Merten, Klaus/Schmidt, Siegfried J./Weischenberg, Siegfried (Hg.) 1990, 50–78.
Schmolke, Michael (1993): Radio aus Salzburg – Radio in Salzburg. In: Kutsch 1993, 45–60.
Schröter; Detlef (1995): Programmanalyse – sehr gut, aber wie? Ein Werkstattbericht über die inhaltsanalytischen Grundlagen einer Analyse der privaten Hörfunkprogramme in München. In: Bucher/Klingler/Schröter 1995, 121–140.
Schumacher, Renate/Halefeldt, Horst O. (im Druck): Die Programmstruktur des Hörfunks in ihrer Entwicklung. Erscheint in: Leonhard/Ludwig/Schwarze/Straßner (im Druck).
Seip, Axel (1991): Reportage. In: LaRoche/Buchholz 1980:1991, 140–150.
Soramäki, Martti (1990): Mediat yli rajojen. Näkökulmia joukkoviihteen tuotantoon, jakeluun ja kulutukseen. Helsinki: Gaudeamus.
Steinmann, Matthias (1998): Radiocontrol. In: Kommunikater 17, Bern: Institut für Medienwissenschaft.
Steinmetz, Rüdiger (1991): „Literatengeschwätz". Der politische Kommentar in den Anfängen des öffentlich-rechtlichen Rundfunks in Deutschland. medium 21 (1991), 3, 52–57.
Stoffels, Ludwig (1997): Kunst und Technik. In: Leonhard 1997, 682–724.
Straßner, Erich (1995): Von der Schreibe zur Spreche. Zur Verständlichkeit von Hörfunknachrichten. In: Bucher/Klingler/Schröter 1995, 199–210.
Sturm, Robert/Zirbik, Jürgen (1996): Die Radio-Station. Ein Leitfaden für den privaten Hörfunk. Konstanz: UVK.
Südwestfunk 97. Zahlen, Daten, Fakten. Hg.: Südwestfunk, Presse- und Öffentlichkeitsarbeit. Baden-Baden: SWF.

Teichert, Will (1982): Die Region als publizistische Aufgabe. Ursachen, Fallstudien, Befunde. Hamburg: Hans-Bredow-Institut.

Thomas, Carmen (1984): Hallo, Ü-Wagen. Rundfunk zum Mitmachen. Erlebnisse und Erfahrungen. München: List.

Thompson, John B. (1995): The Media and Modernity. A social Theory of the Media. Cambridge/UK: Polity Press.

Todorow, Almut (1996): Das Feuilleton der „Frankfurter Zeitung" in der Weimarer Republik. Zur Grundlegung einer rhetorischen Medienforschung. Rhetorik-Forschungen 8. Tübingen: Niemeyer.

Turow, Joseph (1992): Media Systems in Society. New York/London: Longman.

Vowinckel, Antje (1995): Collagen im Hörspiel. Die Entwicklung einer radiophonen Kunst. Würzburg: Königshausen und Neumann.

Wachtel, Stefan (1994:1995): Sprechen und Moderieren in Hörfunk und Fernsehen. Konstanz: UVK.

Was Sie über Rundfunk wissen sollten (1997). Materialien zum Verständnis eines Mediums. Hg. ARD/ZDF-Arbeitsgruppe Marketing. Berlin: vistas.

Weibel, Peter (Hg.) (1990): Von der Bürokratie zur Telekratie. Rumänien im Fernsehen. Ein Symposon aus Budapest. Berlin: Merve.

Weis, Hans Christian (1987:1995): Marketing. Ludwigshafen: Kiehl.

Weischenberg, Siegfried (1992): Journalistik. Theorie und Praxis aktueller Medienkommunikation. Band 1: Mediensysteme, Medienethik, Medieninstitutionen. Opladen: Westdeutscher Verlag.

– (1995): Journalistik. Theorie und Praxis aktueller Medienkommunikation. Band 2: Medientechnik, Medienfunktionen, Medienakteure. Opladen: Westdeutscher Verlag.

Weiss, Ralph/Hasebrink, Uwe (1997): Hörertypen und ihr Medienalltag. Plädoyer für eine hörerzentrierte Nutzungsanalyse. Publizistik (42), 164–181.

Werner, Hans U. (1997): Sound is the body language of the ear. Sound-Designer und Medientheoretiker Tony Schwartz. In: Hemm, Tanja/Dainard, Michael/Werner, Hans U./Tobinsky, Uli (Hg.): Radio Soundscape USA. MUK 111/112. Siegen: Universität-GH, 91–103.

Widlok, Peter (1989): Indianerradio in den USA: KILI-FM in South Dakota. Rundfunk und Fernsehen (37), 511–523.

Wild, Christoph (1997): Wie Radiokampagnen wirken. Media Perspektiven 10/97, 537–547.

Wolton, Dominique (1989): La communication politique: construction d'un modèle. In: Bregman/Dayan/Ferry/Wolton 1989, 27–40.

Wood, James (1992): History of international broadcasting. London: Peter Peregrinus Ltd.

Würffel, Stefan Bodo (1978): Das deutsche Hörspiel. Sammlung Metzler 172. Stuttgart: Metzler.

Zimmer, Werner (1991): Sportreportage. In: LaRoche/Buchholz 1980:1991, 157–163.

Zindel, Udo/Rein, Wolfgang (Hg.) (1997): Radio-Feature. Ein Werkstattbuch. Konstanz: UVK.